KB200134

주님의 마음

주님의 마음

김유비

따뜻한 목소리로 전하는 예수님의 치유 편지

Letters from Jesus

규장

《주님의 마음》은 따뜻한 목소리로 전해지는 예수님의 진심입니다. 제가 깊은 영적 침체에 빠졌을 때, 선물처럼 찾아온 치료적 통찰이었지요. 제가 어떻게 이런 글을 쓰게 되었는지 말씀드리고 싶습니다.

6년 전, 상처 입은 한 사람을 예수님의 사랑과 말씀으로 치유하고자 '김유비닷컴'을 시작했습니다. 제가 선택한 방법은 글쓰기였지요. 긴 시간 동안 거의 하루도 거르지 않고 아침마다 새로 쓴 글을 독자들에게 보냈습니다. 그런데 시간이 지날수록 글 쓰는 게 점점 버거웠습니다. 그리고 더는 새 글을 쓸 수 없는 막다른 상황에 다다랐지요.

저는 유명 작가는 아니지만, 왜 다른 작가들이 공황 장애나 우울증을 겪는지 충분히 이해할 수 있었습니다. 오래전에 바닥이 드러났음에도 끊임없이 새 글을 써 내려가야 하는 고통은, 직접 경험해 보지 않으면 모를 것입니다. 제게도 피해 갈 수 없는 슬럼프가 찾아왔고, 도저히 혼자 힘으로는 벗어날 수가 없었지요.

저는 지칠 대로 지쳐서 예수님에게 포기하고 싶다고, 더 이상 사역을 지속할 수 없다고 여러 번 말씀드렸습니다. 제 기대와 달리, 예수님은 침묵하셨고, 아무리 기도해도 제 지친 마음이 회복되지 않았습니다.

물론, 예수님의 침묵은 제 감정에 근거한 것이었고, 제 결핍으로 인한 오해였을 것입니다. 하지만 저는 그만큼 절박했습니다. 예수님이 단 한마디만 해주시면 살아날 것만 같았지요. 예수님의 침묵은 계절이 바뀌도록 길었고, 저는 혼자 깊은 어둠을 지나야 했습니다.

제게는 비밀 노트가 있습니다. 그 노트에 '모닝 페이지' 라고 이름 붙이고, 솔직한 감정을 매일 아침 적습니다.

고통받던 어느 날 아침, 평소처럼 제 감정을 노트에 적어 내려갔습니다.

'예수님…. 저는 더 이상 사역을 지속할 수 없습니다. 할 수 있는 힘이 조금도 남아 있지 않습니다.'

최선을 다했기에 포기하더라도, 예수님이 이해해 주시리라 생각했습니다. 그런데 참 희한한 일이 벌어졌지요. 평소처럼 혼잣말하고 글을 마무리하려는데 갑자기 제 마음속에서 뜬금없는 질문이 떠올랐습니다.

'예수님이라면 어떻게 말씀하실까?'

그 질문과 동시에, 제 손으로 다음 문장을 적어 내려가고 있었습니다.

유비야, 많이 힘들지? 네가 얼마나 힘든지 안다.

예상치 못한 상황에 폭풍 같은 눈물이 쏟아져 내렸고, 저는 그 자리에 엎드려 아이처럼 엉엉 소리를 내며 울었습니다.

그날 이후, 매일 아침 예수님에게 편지를 쓰고, 그분의 답장을 받았습니다. 그러면서 저는 서서히 회복되었지요. 그렇게 쓰게 된 글이 예수님의 치유 편지인 《주님의 마음》입니다. 이 글을 쓰면서 깨달았습니다.

'그동안 나는 내가 아닌 다른 사람을 위해서 글을 썼구나. 상처 입은 한 사람을 위해 쓴다고 했지만, 상처 입은 한 사람의 개념 속에는 내가 없었구나. 나도 상처받아 아픈데, 왜 나 자신을 외면한 채 다른 사람을 돌보려고 했을까?'

제 마음속에는 항상 저를 기다리는 상처 입은 한 사람이 있습니다. 이름도 얼굴도 없지만, 그 한 사람은 제게 생생합니다. 그를 위해 글을 썼지만, 그가 바로 저일 수도 있다는 생각은 까마득히 잊은 것입니다.

저는 더 이상 남을 위해 글을 쓰지 않습니다. 저를 위해, 그리고 저처럼 상처받아 아파하는 한 사람을 위해 글을 씁니다.

비밀 노트에 쓴 예수님의 치유 편지를 SNS에 공개했는데, 독자들의 반응이 놀라웠습니다. 우리 모두 예수님의 따뜻한 목소리가 너무나 그리웠던 것입니다.

특별하고 신비적인 방식만을 추구하며 예수님의 목소리를 듣길 원한다면, 우리는 자주 고립되고 방치될 것입니다. 이미 우리에게 알려진 방법, 성경을 통해 편안하고 친밀하게 예수님의 목소리를 자주 듣기를 바랍니다.

예수님은 이미 성경을 통해 우리에게 말씀하셨고, 성경의 모든 말씀 안에 그분의 진심이 담겨 있습니다. 따뜻한 목소리로 전해지는 《주님의 마음》을 통해, 당신의 지치고 상한 마음이 치유되고 회복되기를 바라고 기도합니다.

프롤로그

2부 들을수록 힘이 나는 **주님의 응원**

3부 다시 살 힘을 얻게 하는 **주님의 위로**

4부 포기하지 않을 이유가 되는 **주님의 인정**

1
PART

누구도 해줄 수 없는
주님의 격려

넌 하늘 높이
날아오를 것이다

나의 자녀야,

필요할 때만 나를 찾는다고
죄책감을 느끼지 말거라.

넌 사랑스러운 내 자녀이고,
자녀는 필요할 때 부모를 찾는단다.
날 찾는 것이 부끄럽다고
네 고통을 혼자 감당하지 말거라.

내게로 곧장 오지 않고
이리저리 방황하는 널 보면
내 마음이 아프단다.

주저하지 말고 내게로 달려오거라.
환한 미소로 널 맞이할 것이다.

많은 걱정으로 괴롭거든
일상에서 물러나 기도하거라.
소리 내어 기도할 수 없거든
속삭이듯 내게 말하거라.

기도해도 소용없을 거라는
네 절망에 공감한단다.

네가 원하는 때, 원하는 만큼
필요가 채워지기를 바라는 마음을 안다.

네 기도가 응답이 될지 안 될지를
네 상식으로 가늠하지 말거라.
내 응답은 기적이 아니라,
엄연한 사실이고 현실이란다.

눈에 보이는 결과가 없다고
낙심하여 포기하지 말거라.

넌 발을 헛디뎌
둥지에서 떨어진 아기 새란다.
난 널 조심스레 안아 들어
따뜻한 내 가슴에 품을 것이다.

조급한 마음을 내려놓고
내게 머물며 마음 편히 쉬거라.

네 꺾인 날개가 펴지면
넌 다시 일어나 거센 바람을 타고
하늘 높이 날아오를 것이다.

사랑한다, 나의 자녀야!

여호와를 앙망하는 자는 새 힘을 얻으리니
독수리가 날개 치며 올라감 같을 것이요

이사야서 40:31

무너지는 것도
믿음이란다

나의 자녀야,

아무것도 할 수 없는 사람처럼
나를 의지하거라.

네가 처한 어려움을
네 탓으로 돌리지 말거라.
최선을 다했을지라도
인생은 네 뜻대로 흘러가지 않는단다.

'할 수 있다'는 믿음으로
혼자 버텨 낼 수도 있지만
'할 수 없다'는 절망으로
날 의지할 수도 있단다.

내게 와 무너지는 것도 믿음이란다.
너는 할 수 없지만, 나는 할 수 있단다.
난 널 위해 불가능을 가능케 할 것이다.

날 의지하거라.
난 네 하나님이고 넌 내 자녀란다.

내 손을 잡고 일어나
오늘 하루를 살아 내라.
넌 절대 무너지지 않을 것이다.

사랑한다, 나의 자녀야!

그들은 내 백성이 되겠고
나는 그들의 하나님이 될 것이며
예레미야서 32:38

모든 사람과
잘 지낼 수는 없단다

나의 자녀야,

사람 관계는 네가 원하는 대로
흘러가지 않는단다.

네가 아무리 애써도
모든 사람과 잘 지낼 수는 없단다.

너와 가까운 사람들이
널 예민한 사람으로 취급해도
그 말에 속박되지 말거라.
네 감정은 네 것이고,
모든 감정은 정당하단다.

다른 사람에게 네가 겪은 일과
네 감정에 대한 동의를 구하지 말거라.

네 감정에는
다른 사람의 허락이 필요하지 않단다.

네 감정은 네가 살아온
삶의 맥락과 연결되어 있단다.
속상했다면,
네가 그럴 만한 일을 겪은 거란다.

다른 사람이 너보다 성숙하다고
단정하지 말거라.
모든 사람은 각자의 결핍으로
서로 다른 상황에서 감정이 상한단다.

너 자신을 예민한 사람으로
몰아세우며 자책하지 말거라.

네 감정에 확신이 없거든
곧바로 나를 찾거라.
난 네 감정을 소중히 여긴단다.
내가 속상한 너를 비난하지 않듯이
너도 널 비난하지 말거라.

너는 힘든 일을 겪었고,

버텨 내기 위해 애쓰고 있단다.

내게 와서 울어라.

네 속상한 마음을 안다.

사랑한다, 나의 자녀야!

너희는 여호와의 선하심을 맛보아 알지어다

그에게 피하는 자는 복이 있도다

시편 34:8

네 결핍으로
미래를 단정하지 말거라

나의 자녀야,

힘든 순간마다
날 의지하니 고맙구나.

네 뜻대로 시간이 흘러가지 않더라도
속상해하지 말거라.
네가 아직 알지 못하지만
난 널 올바른 길로 인도하고 있단다.

네가 원하는 걸 가진다고 해서
바로 행복해질 수는 없단다.
네 결핍을 나로 채우는 연습을 하거라.
지금 네게 간절한 것들이
아무것도 아니라는 걸 깨닫기를 원한다.

네가 나 하나로 채워질 때,
넌 불가능을 모르는 사람이 될 거야.

네 결핍으로 미래를 단정하지 말거라.
네게 새로운 기회를 줄 것이니
넌 순풍을 타고 앞으로 나아가길 바란다.

외로움으로 적막한 시간에
나를 온전히 만나거라.
내가 널 책임지고 돌볼 것이다.

사랑한다, 나의 자녀야!

여호와를 경외하는 자들아

너희는 여호와를 의지하여라

그는 너희의 도움이시요 너희의 방패시로다

시편 115:11

걱정 대신 믿음을
택하거라

나의 자녀야,

많은 걱정으로 괴로워하는
널 보니 마음이 아프구나.
미리 앞서 걱정하느라
온 힘을 소진하지 말거라.

넌 언제나 선택의 갈림길에 서 있단다.
걱정 대신 믿음을 택하거라.
네 믿음을 적절히 사용하길 원한다.

아무것도 바랄 수 없는 그때가
바로 믿어야 할 때란다.
네 소원이 이루어질까
전전긍긍하지 말고
네 소원을 이루는 나를 믿어라.

네가 원하는 방향으로
인생이 흘러가지 않아도
두려워 말거라.
내가 너를 반드시 책임지고 돌볼 것이다.

아무도 널 도울 수 없다고
단정하지 말거라.
모든 사람이 널 외면해도
내가 네 곁에 있다.

나 하나를 바라보는 믿음으로
이 시간을 견디거라.
넌 절대 무너지지 않을 것이다.

사랑한다, 나의 자녀야!

아브라함이 바랄 수 없는 중에 바라고 믿었으니
… 그것이 그에게 의로 여겨졌느니라

로마서 4:18,22

자존감을
지켜 내거라

나의 자녀야,

안정된 삶을 바라는 네 심정을 안다.
아무리 노력해도 달라지지 않는 현실이
얼마나 절망스럽니?

네가 불편해하는 현실은
누군가를 부러워한 결과란다.

성공한 사람들의 이야기를 들으면
마음이 조급해질 거야.
너 자신을 탓하고
지나온 시간을 만회하기 위해
너답지 않은 계획을 세우게 된단다.

조급해하지 말거라.
난 널 위해
고유하고 비밀스러운 계획을 세웠단다.

네가 날 바라보는 대신
다른 사람의 성공을 바라본다면,
넌 길을 잃고 헤매게 될 거야.

성공과 실패는 사람들이 정한 단어일 뿐,
내 나라에는 존재하지 않는단다.

우리가 함께 보낸 시간을 기억하렴.
너는 지금껏 너만의 길을 걸어왔단다.
네가 오늘에 도달할 수 있었던 이유는,
나를 사랑했기 때문이란다.

다른 사람의 성공에 휘둘리지 말고
자존감을 지켜 내거라.
다른 사람이 되려 하지 말고
너 자신이 되거라.

다른 사람을 흉내 내는 대신
나를 닮길 바란단다.
넌 세상에 둘도 없는 소중한 존재란다.

날 닮은 너,
가장 너다운 너로
날 기쁘게 하렴.

사랑한다, 나의 자녀야!

주 여호와여 주는 나의 소망이시요
내가 어릴 때부터 신뢰한 이시라

시편 71:5

네 걱정을
내게 맡기렴

나의 자녀야,

네 걱정을 내게 맡기렴.
걱정이 널 짓누를 때,
넌 조급한 마음으로 뭐든 해보려고 하더구나.

네 의지를 꺾고 싶지 않지만,
네 힘으로 매진하는 일에는
내가 끼어들 자리가 없단다.

걱정이 너를 짓누를 때마다
네가 할 수 없음을 인정하거라.
내가 널 책임지고 돌볼 것이다.

네 걱정을 다른 사람에게
쏟아 놓지 말거라.

사람들은 저마다의 걱정으로
네 걱정을 받아 줄 여유가 없단다.
사람을 찾아가면
한두 번 위로 받을 뿐 결국 실망한단다.

난 네 걱정에 공감한단다.
네가 수십 번 똑같은 말을 해도
지루하지 않단다.
네 걱정을 사람에게 말하면 '푸념'이지만
내게 와 말하면 '기도'란다.

내게 와 말하렴.
네 간절한 기도가 널 살릴 것이고,
내가 기꺼이 널 도울 거란다.

사랑한다, 나의 자녀야!

너희 염려를 다 주께 맡기라
이는 그가 너희를 돌보심이라
베드로전서 5:7

네 잘못이
아니란다

나의 자녀야,

기도가 응답 되지 않는 건
네 잘못이 아니란다.

불안에 떨며 쫓기듯 기도하지 말거라.
용서 받은 죄까지 떠올리며
자책하지 말거라.

네 기도는 항상 부족하고,
넌 죄를 계속 지을 수밖에 없단다.

네 정성으로 날 만족시킬 수 없단다.
네가 순전 무결해도
네 기도는 즉시 응답 되지 않는단다.

정성으로 응답 되는 기도라면
내 은혜가 들어설 자리가 없단다.

죄를 지었다고
내가 외면한다면
아무도 용서 받을 수 없단다.

네가 기도하는 동안
네 눈이 열리기를 바란단다.

곧 죽을 것 같은 두려움이
널 집어삼키려 할 때,
그 모든 게 허상임을 깨닫거라.

난 널 지키는 하나님이다.
아무도 널 해할 수 없다.

네가 기도할수록
날 더욱 알게 될 것이다.

날 믿고 평안하거라.
네 기도는 땅에
절대로 떨어지지 않을 것이다.

사랑한다, 나의 자녀야!

하나님이여 불쌍히 여기소서
나는 죄인이로소이다

누가복음 18:13

무엇이 필요한지
구체적으로 말하거라

나의 자녀야,

무엇이 필요한지 구체적으로 말하거라.
내가 네 필요를 채워 줄 것이다.
망설이지 말고 아주 자세하게
네 필요를 말하렴.

난 네 상식을 넘어
필요를 채워 줄 수 있단다.
네게는 그 필요가 크지만
내게는 티끌만큼 작단다.

걱정하며 괴로워하지 말고
네 일상에 전념하거라.

네 모든 일상에서
네게 통찰을 줄 것이다.
그것을 네 일에 접목하거라.

넌 매일 조금씩 나아질 것이다.
더 나은 방법을 찾아내고,
네가 원하는 걸 이룰 거야.

날 바라보며 기대하거라.
내가 네 모든 필요를 안다.

거센 파도가 네게 휘몰아쳐도
넌 절대 침몰하지 않을 것이다.

사랑한다, 나의 자녀야!

구하기 전에 너희에게 있어야 할 것을
하나님 너희 아버지께서 아시느니라
마태복음 6:8

현실에 갇히지
말거라

나의 자녀야,

네가 두려워하는 일은
아직 현실이 되지 않았단다.

네게 주어진 시간,
온 힘을 다해 집중하거라.
내게 와 무릎을 꿇고
간절한 마음으로 기도하거라.

네 일상에서 시간을 따로 내어
생각할 시간을 가져라.
내가 지혜를 줄 것이고
넌 결국 방법을 찾아낼 거야.

현실을 정확히 알되,

그것에 갇히지 말거라.
네 능력의 한계를 알되,
그 안에 갇히지 말거라.

위기의 순간마다
현실 너머의 날 찾아라.
난 불가능을 가능케 하는 하나님이란다.

한없이 약한 널 통해
내 강함을 드러낼 것이다.
다가오는 현실이 두려울 때마다
우리가 함께 보낸 시간을 기억하렴.
나는 어제나 오늘이나 내일이나
하루도 변함없이 너와 함께한단다.

사랑한다, 나의 자녀야!

나의 여러 약한 것들에 대하여 자랑하리니
이는 그리스도의 능력이 내게 머물게 하려 함이라
고린도후서 12:9

한 번에 되는
일은 없단다

나의 자녀야,

네가 계획한 모든 일을
과감하게 추진하거라.
실패하고 넘어지더라도 다시 일어나거라.

세상 그 어떤 일도
한 번에 되는 일은 없단다.
네 예상과 다를 뿐,
올바른 방향으로 나아가고 있단다.

의지할 사람이 없어도
혼자라고 생각하지 말거라.
아무도 없는 적막함 속에서
네가 나를 만나길 원한다.

감당할 수 없는 고통의 무게를
내게 맡기는 연습을 하거라.
네 능력 너머의 일을 만나면
날 철저히 의지해야 한단다.

네 틀을 깨고 내 관점으로 세상을 바라보거라.
나처럼 생각하고, 바라보고, 행동하거라.

난 네 하나님이고,
넌 이미 모든 걸 가졌단다.

길을 잃은 아이처럼 두려움에 떨지 말거라.
어디로 가야 할지 몰라도 괜찮다.
내가 널 이끌어 줄 거니까.

사랑한다, 나의 자녀야!

하나님의 능하신 손 아래에서 겸손하라
때가 되면 너희를 높이시리라

베드로전서 5:6

너다운 너로
행복하게 살아 주렴

나의 자녀야,

낙심하지 말거라.
넌 최선을 다했단다.

넌 밝게 웃고 있지만
사람들은 네가 얼마나 힘든지 모를 거야.

지금 삶이 힘들다고 해서
네가 지금까지 노력하고 애쓴
모든 시간이 헛된 건 아니란다.

넌 날 만나 살아갈 이유를 찾았단다.
내 안에서 소명을 발견했고,
최선을 다해 살아왔지.

네 존재는
내게 말할 수 없는 기쁨이란다.

널 아는 사람들은
너로 인해 위로와 소망을 얻는단다.
난 네가 기특하구나.
너다운 너로 행복하게 살아 주렴.

날 위해 더 해 줄 것은 없단다.
내가 널 위해 모든 걸 이루었단다.

네 사명은 거창한 게 아니란다.
오늘 네가 마주하는 사람을
따뜻하게 대하거라.

고마우면 고맙다고 말하고,
미안하면 미안하다고 말해 주렴.

내가 널 형통케 할 것이고,
널 통해 놀라운 일을 행할 것이다.

사랑한다, 나의 자녀야!

너희는 세상의 빛이라

산 위에 있는 동네가 숨겨지지 못할 것이요

마태복음 5:14

반짝이는 인생을
부러워하지 말거라

나의 자녀야,

반짝이는 인생을 부러워하지 말거라.
관심에 들뜬 사람은 홀로 외롭단다.

사람에게 돋보이려고
여기저기 서성거리는 사람은
기회가 왔을 때 그 자리에 없단다.

돋보이려는 사람은
항상 쫓기고 불안하단다.
사소한 말 한마디, 표정 변화에 얽매여
자기답게 살 수 없단다.

사람을 만족시키려 애쓰지 말거라.
더 빨리 소진될 뿐이다.

널 돋보이게 하는 건
네 실력이 아니란다.
자기 실력을 의지하는 사람은
자기 수준만큼 살 뿐이다.

날 사랑하는 넌
내 모든 걸 가졌다.
모든 걸 가진 사람처럼
행동하고 말하거라.

대가 없는 사랑으로
봉사하고 헌신하거라.

네 진심이 널 돋보이게 할 것이다.
즉각적인 보상이 없더라도
낙심하지 말거라.

너를 높이는 건 사람이 아니다.
네 보상은 사람이 줄 수 없다.
내가 너를 높여 줄 것이다.
내가 차고 넘치도록 채워 줄 것이다.

사람 앞에서 당당하거라.
내가 널 빛나게 할 것이다.

사랑한다, 나의 자녀야!

여호와는 나의 빛이요 나의 구원이시니
내가 누구를 두려워하리요

시편 27:1

네가 원하는 일을
과감하게 시도하렴

나의 자녀야,

네가 원하는 일을 과감하게 시도하렴.
내가 널 기꺼이 도와 줄 거란다.

겁을 먹고 멈춰 서서
아무것도 시도하지 않으면
아무 일도 일어나지 않는단다.

새로운 일을 시작하기 전에
넌 온갖 의심과 회의에 사로잡힐 거야.
부정적인 결론을 내리고 위축되지 말거라.

진심을 담아 최선을 다하고,
결과는 차분하게 지켜보거라.
부족한 게 있다면 개선해서

더 나은 것으로 만들어라.

난 네가 처음부터
완벽하기를 바라지 않는단다.
넌 과정에 있단다.

네 인생을
성공과 실패로 나누지 말거라.
실패의 절망이나 성공의 희열은
잠시 왔다 사라지는 안개란다.

내가 네 중심이 되기를 원한다.
날 기쁘게 하거라.
그러면 넌 모든 걸 얻을 것이다.

사랑한다, 나의 자녀야!

너의 행사를 여호와께 맡기라

그리하면 네가 경영하는 것이 이루어지리라

잠언 16:3

네 믿음이면
충분하단다

나의 자녀야,

종일 걱정하지 말거라.
걱정하는 시간을 정해 놓거라.

걱정하는 그 시간이
기도 시간이 되기를 바란다.
내게 걱정을 쏟아 놓고
네 하루에 온전히 집중하거라.

할 수 있고 없고를 가늠하지 말고,
주어진 일에 최선을 다하거라.
네가 할 수 없는 그 일을
난 넘치는 능력으로 해낼 수 있단다.

큰 도전에 직면했을 때,

네게 필요한 건 큰 믿음이 아니라
단 하나의 믿음이란다.

내가 네 하나님이며
너와 함께한다는 믿음을 가져라.
네 믿음이면 충분하단다.

네 힘으로 벗어나기 위해
발버둥 치지 말거라.
내가 네 손을 잡고 이끌 것이다.
넌 뒤처지지 않았다.

네 인생은 네 보폭이 아닌
내 보폭으로 나아갈 것이다.

사랑한다, 나의 자녀야!

그는 넘어지나 아주 엎드러지지 아니함은
여호와께서 그의 손으로 붙드심이로다

시편 37:24

네 한계를
돌파할 것이다

나의 자녀야,

지금 널 둘러싼 환경을 보고
미리 실패했다고 단정하지 말거라.
조급한 마음으로 바라보면
네 인생이 실패한 것처럼 보인단다.

네게 없는 걸 과장하지 말고
네게 있는 걸 축소하지 말거라.

네 환경은 예상만큼 절망적이지 않고,
너 자신은 네 생각만큼 초라하지 않단다.

네 인생을 네 수준만큼 살아간다면
지금처럼 고통스럽지 않을 거란다.

넌 늘 한계를 마주하고
한계를 돌파하기 위해 애쓰고 있단다.

네가 지금까지 무엇을 이루었는지
네 계산법으로 판단하지 말거라.
네 눈에는 네가 갖지 못하고
이루지 못한 것만 보일 뿐이란다.

넌 빈손이 아니란다.
날 얻었고,
난 네 하나님이란다.

네가 다른 것을 찾아 헤맬 때
내 시선은 널 향한단다.
난 종일 너만 바라보고
너에 관한 생각뿐이란다.

널 통해 내 뜻을 이루기를 원한다.
네 가치를 축소하지 말거라.

네게 감당할 힘을 줄 것이고,
네 한계를 돌파하게 할 것이다.

사랑한다, 나의 자녀야!

나의 도움은

천지를 지으신 여호와에게서로다

시편 121:2

널 품에 안고
돌볼 것이다

나의 자녀야,

네 필요를 분명하게 말하렴.
너는 내 자녀고
내게 구할 자격이 있단다.

널 도와 줄 사람이 없어
혼자 고통을 감당했던 네 과거를 안다.

네 필요를 말할 때,
말문이 트이지 않는 네 고통을
오랫동안 지켜봤단다.

사람 앞에서 한마디도
정당한 요구를 못 한다고
자책하지 말거라.

세상 모든 사람이
네 말을 무시한다 해도
난 언제나 네 말에 귀를 기울인단다.

사람에게 말하기 어렵거든
내게로 와서 말하렴.
또박또박 구체적으로 기도하는 게
말처럼 쉽지 않다는 걸 안다.

구석진 곳에서 소리 없이 네가 울 때,
내 마음이 아프단다.

아기는 말할 줄 몰라
울음으로 부모를 찾는단다.
아기 울음소리는
부모의 발걸음을 재촉하지.

부모는 아기를 단숨에 안고
절실한 필요를 채워 준단다.

네가 울면 난 단숨에 달려가
널 품에 안고 돌볼 것이다.

네가 말을 못해도 괜찮단다.
내가 네 진심을 안다.
내가 섬세하게 살펴
네 필요를 채울 것이다.

사랑한다, 나의 자녀야!

내가 부르짖는 날에
속히 내게 응답하소서

시편 102:2

여기까지 오느라
          애썼다

나의 자녀야,

힘들고 답답한 상황 속에서도
날 의지하는 네가 사랑스럽구나.

무엇을 이루었나
성취를 기준으로
널 평가하지 말거라.

네가 나와 함께한 것으로
난 충분하단다.
많은 걸 이루기 전에
왜 그 일을 이루고자 하는지 생각하렴.

네가 이루지 못한 것들은
네 능력이 부족해서가 아니란다.

네 열정이 닿지 않았다면
네게 중요하지 않은 것일지 모른단다.

네 사명과 맞닿은 일을 하거라.
아무리 고통스러운 순간이라도
절대 포기할 수 없는
너 자신만의 의미를 추구하거라.

엄격한 기준으로 널 판단하지 말거라.
네 진심을 내가 안다.
여기까지 오느라 애썼다.

두려워 말거라.
내가 너와 함께할 것이다.

사랑한다, 나의 자녀야!

이 하나님은 영원히 우리 하나님이시니
그가 우리를 죽을 때까지 인도하시리로다

시편 48:14

네게 새 마음과
새 힘을 줄 것이다

나의 자녀야,

슬퍼하지 말거라.
내가 네 곁에 있단다.

넌 다른 사람을 위해 희생하며 살아왔지만
정작 너 자신을 외면하고 살았단다.

네 희생은 당연하지 않단다.
너 자신을 소중히 여겨 주렴.
다른 사람을 돌보느라 지쳐 버린 널 보면
말할 수 없이 슬프단다.

네가 소리 없이 눈물을 흘릴 때,
내 마음이 찢어질 듯 아프단다.
널 잃고 싶지 않단다.

잠시 쉬며 내 안에 머물러라.

밤마다 밀려오는 슬픔으로
잠을 이루지 못하는 널 안다.

널 혼자 두지 않을 것이다.
한순간도 널 떠나지 않고 살필 것이다.
네가 편안히 잠들 수 있도록
널 토닥이며 밤을 지새울 것이다.

아침을 두려워하지 말거라.
네게 새 마음과 새 힘을 주며
널 지켜 낼 것이다.

사랑한다, 나의 자녀야!

이것들이 아침마다 새로우니
주의 성실하심이 크시도소이다

예레미야애가 3:23

넌 홀로 여기까지
온 게 아니다

나의 자녀야,

쉴 새 없이 앞만 보고 달리는
네가 걱정스럽구나.
바쁘게 몰아치는 네 일상에는
네가 알지 못하는 결핍이 있단다.

아무도 널 지켜 주지 않아 불안했던
네 과거를 난 기억한단다.
홀로 생존했던 네 과거일지라도
난 너와 함께했단다.

남다른 성취로 안전하고 싶은
네 심정을 안다.

혼자 힘으로 살아남기 위해
발버둥 치지 말거라.

네 모든 노력이
아무 의미 없다는 말이 아니란다.
불안이 널 지배하면
넌 원래 목적을 상실하고
그저 바쁠 뿐이란다.

너 자신을 돌보거라.
잠시 멈춰 쉬어 가도 괜찮단다.

노를 저어 앞으로 나아갈 수 있을지라도
순풍이 없으면 몸과 마음이 고될 뿐이란다.

가끔은 일어나 굽은 등을 펴고
푸르른 바다를 둘러보거라.

가쁜 호흡을 진정시키고
바람이 부는 방향으로 노를 젓거라.

난 네 순풍이 되어 줄 것이고
안전한 곳으로 널 인도할 것이다.

넌 홀로 여기까지 온 게 아니다.
내가 널 끝까지 책임질 것이다.

사랑한다, 나의 자녀야!

내 육체와 마음은 쇠약하나

하나님은 내 마음의 반석이시요

영원한 분깃이시라

시편 73:26

바꿀 수 있는 것에
집중하거라

나의 자녀야,

네가 아무리 최선을 다해도
바꿀 수 있는 것과
바꿀 수 없는 게 있단다.

바꿀 수 없는 건 받아들이고
바꿀 수 있는 것에 집중하거라.

어디서부터 어떻게 시작할지 몰라
걱정하는 널 안다.

네 두려움은
실패하면 안 된다는 생각에 근거한단다.

나의 자녀야,
실패해도 괜찮단다.

성공과 실패라는
이분법적인 사고에서 벗어나
오직 내게만 집중하거라.

네게는 오직 과정뿐이란다.
천천히 차분하게 내 뜻을 이루거라.

네 인생에
결핍이 있음을 안다.
잠시 잠깐 괴로울지라도
네 고통은 영원하지 않을 거란다.

아직 현실이 되지 않은 일로
미리 걱정하지 말거라.

내가 널 지켜 보호하며

네 모든 필요를 채워 줄 것이다.

사랑한다, 나의 자녀야!

내가 여호와께 간구하매 내게 응답하시고

내 모든 두려움에서 나를 건지셨도다

시편 34:4

더 많이 넘어져도
괜찮단다

나의 자녀야,

원하는 목표를 단번에 이루는 사람은 없단다.
그런 성취를 부러워하지 말거라.
그것은 단번에 사라진단다.

네가 원하는 곳에 한걸음에
가 있기를 바라는 네 소원을 안다.

네 예상보다 느리더라도
올바른 방향으로 나아가렴.
인생은 과정이란다.
나와 함께 걷는 법을 배워라.

실패 없이 한 번에 잘 해내고 싶은
네 심정을 안다.

실패하지 않으려 애쓰지 말고
넘어져도 다시 일어나는 법을 배워라.

항상 더 나은 방법을 찾고,
역경을 기회로 받아들이거라.

지금보다 더 많이 넘어져도 괜찮다.
네가 넘어져 다치지 않도록
내 두 손으로 꼭 받치고 있단다.

이대로 주저앉을까 걱정하지 말거라.
네가 바라고 원하는 소원을
반드시 이루어 줄 것이다.

사랑한다, 나의 자녀야!

주의 말씀은 내 발에 등이요
내 길에 빛이니이다

시편 119:105

작고 사소한 시도를
반복하거라

나의 자녀야,

네 모든 시도를
실패로 단정하지 말거라.

절망 속에서 날 바라보고
의지하는 연습을 하거라.
조급한 감정으로
담판을 짓듯이 임하지 말거라.

한 번의 승부로 인생을 바꾸려 하면,
한 번에 무너질 수밖에 없단다.

단판이 아닌 무한대의
시행착오를 통해 성장하거라.

성공에 대한 집착을 버리고
작고 사소한 시도를 반복하거라.
되는 건 남기고
안 되는 건 흘려보내거라.

네가 나와 함께 걷는 여정 속에서
너만의 가치를 발견할 것이다.
네가 누구인지 알게 되고
네가 무엇을 원하는지 알게 될 것이다.

넌 나를 위해 창조되었다.
내가 끝까지 책임지고 돌볼 것이다.
내 안에서 꿈꾸고 도전하거라.
내가 널 도울 것이다.

사랑한다, 나의 자녀야!

네가 어디로 가든지
네 하나님 여호와가 너와 함께하느니라

여호수아서 1:9

하루의 첫 시간을
내어 주렴

나의 자녀야,

나와의 관계를 소홀히 하지 말거라.
난 언제나 널 기다리고 있단다.
너와 대화하기를 원하고
친밀하기를 원한다.

분주한 마음으로 하루를 살기보다
차분한 마음으로 나와 교제하자.

눈앞에 놓인 급한 일을
처리하는 방식으로 하루를 살다 보면
넌 금방 지치고 말 거야.

시간을 따로 떼어 내서
나와 교제할 수 있어야 한단다.

할 수 있다면
하루의 첫 시간을 내게 내어 주렴.
네가 세상에서
차갑고 냉랭한 말을 듣기 전에
내 따뜻한 목소리를
먼저 들려 주고 싶단다.

내가 널 얼마나 사랑하는지 알면,
세상 사람들의 인정은
아무것도 아닐 거야.

내 인정을 받은 넌
사람들의 눈치가 아닌
내 기쁨으로 살아갈 거란다.
일상에서 나와 속삭이듯 대화하자.

네가 마음속으로 날 부르면
난 모든 일을 중단하고
네 목소리에 귀를 기울인단다.

네 인생의 구석구석
세세한 모든 일에 날 초대하거라.
내 온 힘과 정성을 쏟아부어
널 형통케 할 거란다.

네 일상에서 날 찾고 부르거라.
내가 너와 함께할 거란다.

사랑한다, 나의 자녀야!

예수는 물러가사
한적한 곳에서 기도하시니라

누가복음 5:16

사람은 쉽게 변하지
않는단다

나의 자녀야,

내 사역은 성취가 아니란다.

넌 눈앞에서
한 사람이 변화되길 원하지만,
사람은 쉽게 변하지 않는단다.

네 기준으로 한 사람의 성장을
측정하고 평가하지 말거라.
네 말을 따르고 널 의지하고
너를 본받는다면
그 사람은 위태롭단다.

나보다 네가 앞서지 않도록
살피고 또 살피거라.

네가 한눈판 사이
무너지는 사람이라면,
넌 지쳐서 탈진하고 말 거란다.
넌 결코 내 자리를 대신할 수 없단다.

억지로 감당하려 애쓰지 말고,
그를 내게로 데려오거라.
그의 모든 필요를 내가 채워 줄 거란다.

네게 맡긴 한 사람이
내 사랑 안에 머물며 굳건해지도록
온 정성을 다하거라.

내 기쁨은 그의 변화가 아니라
한 영혼을 향한 네 관심이란다.

내게 그를 맡기고 평안하거라.
내가 직접 그를 돌볼 것이다.

충분히 돕지 못했다고 자책하지 말거라.
네가 얼마나 애썼는지 내가 안다.

사랑한다, 나의 자녀야!

여러분이 주님 안에서
굳건히 서 있기만 한다면,
그보다 더 큰 보람은 없습니다.

데살로니가전서 3:8 쉬운성경

2
PART

들을수록 힘이 나는
주님의 응원

고통 받는 널
구경하지 않는단다

나의 자녀야,

네 부족함을
부끄럽게 여기지 말거라.

네가 괜찮은 사람이라고
애써 자신하지 않아도 된단다.
자존감은 네 결심이 아닌
내 사랑에 근거한단다.

의지로 버텨 내려고
안간힘을 쓰지 말거라.
약해서 무너지는 널
아무도 비난할 수 없단다.
한 걸음도 나아가지 못하는
너라도 괜찮다.

내가 보낸 그곳에 가만히
머무는 것이 얼마나 힘든지 안다.
가만히 오래 머문 것만으로
넌 이미 사명을 이룬 것이란다.

내가 십자가에 그저 머문 것이
실패처럼 보일지라도
결과는 그 반대란다.

내가 고통 받으며 매달려 있던 십자가는
너와 하늘을 연결하는 문이 되었지.

네가 무너져 엎드린 그곳이
너와 나를 연결하는 통로란다.

난 고통 받는 널 구경하지 않는단다.
네가 울 때 내 마음이 찢어질 듯 아프단다.

조금만 기다려 주렴.
내가 네 눈물을 멎게 할 것이고,

고통을 멈추게 하고
널 일으켜 세울 것이다.

사랑한다, 나의 자녀야!

십자가의 도가
멸망하는 자들에게는 미련한 것이요
구원을 받는 우리에게는
하나님의 능력이라
고린도전서 1:18

마음껏
꿈을 꾸거라

나의 자녀야,

목표를 세우고 앞으로 나아가려는
네 모습에 마음이 기쁘구나.
나 역시 그 목표가 이루어지기를
누구보다도 바란단다.

하루하루 최선을 다하는 과정에서
네 목표는 현실과 가까워질 거란다.

네가 힘에 부쳐
포기하고 싶을 때마다
새로운 힘을 공급해 줄 거야.

나를 의식하며
너 자신을 억누르지 말거라.

네 결핍으로 내 뜻을 왜곡하면
넌 주저하며 아무것도 시작할 수 없단다.

날 바라보며 걷는 여정에서
내 길로 널 이끌어 줄 거란다.

안심하고 시작하거라.
네가 무엇을 하든 난 널 기뻐한단다.

내 사랑은
네가 날 위해 무엇을 이루느냐에
좌우되지 않는단다.

내 사랑은 네 존재를 향하고,
내 사랑에는 조건이 없단다.

넌 내 사랑스러운 자녀이기에
난 널 기뻐한단다.
마음껏 꿈을 꾸거라.
내가 너와 함께한단다.

사랑한다, 나의 자녀야!

너희 안에서 착한 일을 시작하신 이가

그리스도 예수의 날까지 이루실 줄을

우리는 확신하노라

빌립보서 1:6

두려울 때마다
날 떠올리렴

나의 자녀야,

두려워하는 네 모습에
내 마음이 아프단다.
네가 두려워하는 그 일은
현실이 되지 않을 거야.

내가 너와 함께한단다.

평안을 바라는 네 욕구는 잘못이 아니다.
네 평안이 널 둘러싼 현실에
좌우되지 않기를 바란단다.
네 평안은 나로부터 시작된단다.

현실은 쉽게 바꿀 수 없지만
네 관점은 네가 선택할 수 있단다.

네 인생이 침몰할 것처럼
두려울 때마다 날 떠올리렴.
나는 절대 널 혼자 두지 않는단다.

거센 비바람을 뚫고 한걸음에 달려가
널 구해 줄 거야.
난 거센 파도와 비바람을 잠잠케 하는
네 하나님이란다.

내 품에 안겨 평안하렴.
네 인생은 절대 침몰하지 않을 거란다.

사랑한다, 나의 자녀야!

예수께서 깨어 바람을 꾸짖으시며
바다더러 이르시되
잠잠하라 고요하라 하시니
바람이 그치고 아주 잔잔하여지더라

마가복음 4:39

난 널 혼내지
않는단다

나의 자녀야,

네가 원하는 걸
내가 싫어할 거라고 단정하지 말거라.

나는 너를 사랑하기에
네 모든 선택을 존중한단다.
선택 그 자체로 옳고 그름을
따지려 들면 혼란스럽단다.

난 항상 네 진심을 원한다.
무엇을 하든 진심을 담아 주렴.
올바른 선택을 해도
눈에 보이는 결과가
당장 나오는 건 아니란다.

더디고 더딜지라도
나와 함께 한 걸음씩 나아가자.

네가 잘못된 선택을 할지라도
널 혼내지 않는단다.

내 사랑으로 다독이며
올바른 길로 이끌어 줄 거야.
앞서 걱정하지 말거라.

사랑한다, 나의 자녀야!

너는 범사에 그를 인정하라
그리하면 네 길을 지도하시리라

잠언 3:6

상처가 사명으로
바뀔 것이다

나의 자녀야,

상처 준 사람 때문에
네 인생이 멈춰 버렸다고
생각하지 말거라.

넌 더 나은 미래를 위해
자신을 추스르고 있단다.
네 의지가 약해
포기한 게 아니란다.

또 다른 곳에서
네가 쉽게 포기할 거라고
단정하지 말거라.
너 자신을 패배자로 낙인찍지 말거라.

넌 자신을 지키기 위한
결정을 내렸단다.

온갖 비난과 정죄의 말로 상처 받은
네 마음을 치유하기를 원한다.
급하게 일어나 뜀박질하려고 하지 말거라.
네게는 쉼이 필요하단다.

네가 받은 상처는 네 잘못이 아니다.
'내가 무난했다면'이라는 가정은 버리렴.
네가 겪은 일은 무난한 성격으로
버틸 일이 아니었단다.

수시로 찾아오는 분노의 감정이
널 괴롭게 하는 걸 안다.
내 품에 안겨 충분히 울거라.
내가 네 모든 감정을 받아 줄 것이다.

너는 이대로 끝나지 않는다.
네 상처는 사명으로 바뀔 것이다.

내가 널 다시 일으켜 세울 것이고,
더 나은 기회와 도전으로 이끌 것이다.

사랑한다, 나의 자녀야!

의인이 부르짖으매 여호와께서 들으시고
그들의 모든 환난에서 건지셨도다

시편 34:17

많은 사람을 돕느라
분주하지 말거라

나의 자녀야,

무엇을 하든 진정성을 잃지 말거라.

네가 앞서 조급하면
금방 지쳐 버리고 말 거야.

마음을 다해 진정으로 돕고자 하면,
결과는 천천히 따라올 거란다.
많은 사람을 돕는다고 분주하지 말거라.

네가 먼저 살펴야 할 건
한 사람의 절실한 필요란다.

네 직관으로 가늠하지 말고
그와 마주 앉아 귀 기울여 들어라.

한 사람에게 오롯이 집중하고
진심으로 도와라.

넌 대충 아는 백 사람보다
네 진심을 아는 한 사람이 낫다.

한 사람은 네 사명이며,
널 그곳에 보낸 목적이란다.

네 약함을 부끄러워 말거라.
그것이 내 강함이 될 것이다.
너를 포장하지 말거라.
있는 그대로 진실하게 소통하렴.

네 진실한 고백은
한 사람이 내게로 나아오는 용기란다.
너와 한 사람 사이에 놓인
공감의 다리 위로 내가 지나갈 것이다.

내가 그를 안아 주고
위로하고 치유할 것이다.

처음부터 끝까지 날 의지하고
어떤 상황에서도 진심을 잃지 말거라.

내가 너와 함께할 것이고,
널 통해 내 꿈을 실현할 것이다.

사랑한다, 나의 자녀야!

우리가 말과 혀로만 사랑하지 말고
행함과 진실함으로 하자

요한일서 3:18

네 하루는 기쁨으로
충만할 것이다

나의 자녀야,

사람들이 네게 실망할까 봐
걱정할 필요 없단다.

모든 사람의 인정을 받을 수 없지.
사람들의 비위를 맞추려는 시도는
언제나 실패한단다.

네 마음속에
한 사람을 생생하게 그려 보렴.
그는 너를 소중히 여기고
아껴 주는 사람이어야 한단다.

네가 무슨 말을 하든 공감하고
실수해도 이해하는 사람을 떠올려 보렴.

모든 사람이 아닌 그 한 사람을 위해
봉사하고 헌신하거라.
내 사랑으로 그를 품고
사랑으로 돌봐 주거라.

그러면 네 하루는
기쁨과 보람으로 충만할 것이다.

솔직하고 진실하게
새로운 일을 시도하렴.
내가 네 진심을 안다.
너는 절대 실패하지 않을 것이다.

사랑한다, 나의 자녀야!

우리가 선을 행하되 낙심하지 말지니
포기하지 아니하면 때가 이르매 거두리라
갈라디아서 6:9

많은 말로
설득할 필요 없단다

나의 자녀야,

큰일을 앞두고 절박한 심정으로
기도하는 널 위로하고 싶구나.

걱정하지 말거라.

네게는 큰일이지만
내게는 작은 일이란다.

내가 기꺼이 응답할 것이고,
내 뜻대로 널 이끌어 갈 거란다.
두려워하지 말고
한 걸음을 내딛거라.

많은 말로 날 설득할 필요 없단다.
거창한 명분을 내세울 필요도 없단다.

내가 네 진심을 안다.

작은 일부터 큰일까지
세세하게 나를 믿고 의지하여라.

네 감정이 걷잡을 수 없이 요동친다면
내게로 나아와 온종일 기도하거라.
기도하는 동안,
내 뜻이 선명하게 드러날 거란다.

불안으로 요동치는
네 감정이 잠잠해질 것이고,
널 짓누르는 모든 걱정이 사라질 거야.

내게 와 들어라.
그리고 안심하거라.
내가 너와 함께한단다.

사랑한다, 나의 자녀야!

이때에 예수께서 기도하시러 산으로 가사

밤이 새도록 하나님께 기도하시고 밝으매

그 제자들을 부르사 그중에서

열둘을 택하여 사도라 칭하셨으니

누가복음 6:12,13

내 말씀을 심고
가꾸거라

나의 자녀야,

감정에 따라 네 믿음을 평가하지 말거라.
감정은 언제나 요동친단다.
결실을 보려면 인내가 필요하지.

말씀을 듣고 잠시 기뻐할 수 있지만
기쁨을 지속하기는 어렵단다.

온갖 유혹과 시험이
너를 쓰러뜨리려 할 거야.
유혹에 꺾여 넘어졌을지라도
낙심하지 말거라.

내가 너를 일으켜 세우고
새로운 힘을 공급해 줄 것이다.

나의 사랑 안에
깊이 뿌리를 내리거라.

강해서 넘어지지 않는 것이
인내가 아니란다.
약해서 넘어졌을지라도
다시 일어나는 것이 인내란다.

내 손을 잡고 일어나렴.
너는 회복될 수 있단다.

네 마음 밭에
내 말씀을 심고 가꾸거라.

네가 백 번을 넘어질지라도
내 사랑은 변하지 않는단다.
백 번을 사랑한다고 말해 주고
백 배의 열매를 맺게 할 거란다.

너는 내게 기쁨을 주는,
인내하는 자녀란다.

사랑한다, 나의 자녀야!

좋은 땅에 있다는 것은

착하고 좋은 마음으로

말씀을 듣고 지키어

인내로 결실하는 자니라

누가복음 8:15

네 끝에는
내가 있단다

나의 자녀야,

넌 지금 너무 많은 생각에
짓눌려 있단다.

눈앞의 일들에 파묻혀 버리면
큰 그림을 그리며 멀리 내다볼 수 없단다.
네 눈앞의 모든 일이 긴급하지만
때로는 멀리 바라볼 수 있어야 해.

십 년 후를 내다보라는 게 아니란다.
더 멀리 바라보거라.
네 끝에는 내가 있단다.

밀려드는 일에 파묻혀
네가 어디로 가는지 모르겠거든

나를 깊이 생각하거라.
시끄러운 세상은 고요해질 것이고,
모든 두려움은 잠잠해질 것이다.

너 혼자 모든 일을 해낼 수 없단다.
버릴 건 버리고, 위임할 건 위임하거라.
두려움으로 붙잡은 것들을 내려놓거라.
네 시작과 끝에는 내가 있단다.

내가 너를 형통케 하고
네 모든 걸음과 동행할 것이다.

사랑한다, 나의 자녀야!

사람이 마음으로 자기의 길을 계획할지라도
그의 걸음을 인도하시는 이는 여호와시니라

잠언 16:9

사람에게 서운해하지
말거라

나의 자녀야,

네 마음이
낮은 곳으로 향하기를 원한다.

네가 땀 흘려 이룬 결실을
다른 사람과 함께 나누거라.
도움이 필요한 이웃을 발견하거든
주저하지 말고 도와라.
그들의 필요를 돌아보고
베풀 수 있는 만큼 베풀어라.

나는 널 통해
내 사랑을 흘려보내기를 원한단다.
그들이 네게 고마워하지 않아도
서운해하지 말거라.

정작 네가 도움이 필요할 때
아무도 너를 돌아보지 않는다고
절망하지 말거라.

내가 차고 넘치도록
네게 부어 줄 거란다.
네가 사람에게 베푼 것이
아무것도 아닐 만큼
넘치는 사랑을 부어 주고 싶구나.

나의 사랑은 주고받기가 아니란다.

사람에게 서운해하지 말거라.
네 섬김은 그들에게 보상받을 수 없단다.
네 성품으로 잠깐 사랑하지 말고
내 사랑으로 오래 사랑하거라.

네가 대가 없는 사랑을 베풀 때,
나는 말할 수 없이 기쁘단다.

너는 나를 닮은
소중한 내 자녀란다.

사랑한다, 나의 자녀야!

주라 그리하면 너희에게 줄 것이니
곧 후히 되어 누르고 흔들어 넘치도록 하여
너희에게 안겨 주리라

누가복음 6:38

평범한 일상을
소중히 여기거라

나의 자녀야,

실패할지 모른다는
두려움에서 벗어나거라.
어깨가 축 늘어진 채로
힘없이 시작하면
금세 포기하게 된단다.

난 네게 남다른
특별함을 원하지 않는단다.

한 걸음도 앞으로
나아가지 못해도 괜찮단다.
씨앗이 심기어 뿌리를 내리고
꽃을 피우고 열매를 맺으려면
인내의 시간이 필요하단다.

특별함을 추구하는 대신,
평범한 일상을 소중히 여기거라.
울며 씨를 뿌렸을지라도
기쁨으로 추수할 날이 올 것이다.

사람들의 인정을 받기 위한
모든 시도를 멈추어라.
네 허기는 사람들로 채워질 수 없단다.

네가 다른 곳을 바라볼지라도
난 너만을 바라본단다.
온종일 너만을 바라보아도
하나도 지루하지 않다.

네가 사람들의 틈바구니에서
땅만 보고 걷고 있어도
나는 단번에 너를 찾아낼 수 있단다.

넌 반짝반짝 빛나는
특별하고 소중한 내 자녀란다.

사랑한다, 나의 자녀야!

눈물을 흘리며 씨를 뿌리는 자는
기쁨으로 거두리로다

시편 126:5

내 사랑을
갈망하거라

나의 자녀야,

네 외로움은 다른 무엇으로
채워질 수 없는 감정이란다.

네가 외로움에 사무칠 때,
누구 한 사람이라도
네 곁에 있기를 바라는 심정을 안다.

널 소중히 여겨 주는 사람을 만나면
외로움이 사라질 거라고 단정하지 말거라.

난 네 마음속 깊은 곳에
외로움을 심어 놓았단다.
다른 무엇으로 채울 수 없는,
오직 나만으로 채워지는 것이지.

다른 모든 시도를 내려놓고
내 사랑을 갈망하거라.
그 사랑으로 채워지면
네 내면이 강해질 거란다.

네가 외로워 흘린 눈물은
은혜의 마중물이야.
내 사랑이 폭포처럼 쏟아져 내려
네 빈 마음을 채워 줄 거란다.

네가 외롭게 혼자 보낸 시간은
내가 널 독점한 시간이란다.
온 세상이 널 버릴지라도
내가 너와 함께한단다.

사랑한다, 나의 자녀야!

아이가 자라며 심령이 강하여지며
이스라엘에게 나타나는 날까지 빈 들에 있으니라

누가복음 1:80

넌 반드시
해낼 것이다

나의 자녀야,

네 두려움을 내가 안다.

긴장을 늦추지 말고
좋은 방법을 찾아보거라.
부정적인 생각이 찾아와
널 괴롭혀도 중단하지 말거라.

네 결핍은 네가 포기하고
주저앉기를 바란단다.

결핍에 속아 미리 결론 내리고
절망하지 말거라.
난 네 안에서
새로운 일을 행하길 원한다.

네게 할 수 있다는 소망을 주고
감당할 힘을 부어 줄 것이다.

네가 가진 걸 헤아려
네 능력을 판단하지 말거라.
나는 네 하나님이고, 네 곁에 있다.

온 우주를 다스리는 능력으로
너를 도울 것이다.

사랑한다, 나의 자녀야!

예수께서 그들을 보시며 이르시되
사람으로는 할 수 없으되
하나님으로는 그렇지 아니하니
하나님으로서는 다 하실 수 있느니라

마가복음 10:27

넌 실패한 게
아니란다

나의 자녀야,

너무 걱정하지 말거라.
내가 네 모든 필요를 안단다.

현실이 너를 짓누른다고 해서
미리 앞날을 걱정하지 말거라.

난 네 하나님이고,
넌 내 자녀란다.

나만의 방법으로
널 이끌어 갈 거야.

내 방법이
네 예상과 다를 수 있단다.

네 예상과 다를 뿐
실패한 게 아니란다.

날 신뢰하고 의지하며
하루하루 네게 맡긴 일들을 감당하렴.

내게 지혜를 구하고
내게 하듯 성실하렴.

네 인생은 내 것이란다.
내가 반드시 책임질 거야.

사랑한다, 나의 자녀야!

평안을 너희에게 끼치노니 곧 나의 평안을 너희에게 주노라
내가 너희에게 주는 것은 세상이 주는 것과 같지 아니하니라
너희는 마음에 근심하지도 말고 두려워하지도 말라

요한복음 14:27

슬퍼하는 널
위로할 것이다

나의 자녀야,

나를 사랑하면 슬픔 없이
항상 기쁠 거라는 건 오해란다.

네 감정은 다양하단다.
감정을 인정하고 받아들이거라.
기쁨이든 슬픔이든
나는 네 모든 감정을 소중히 여긴단다.

나를 알면 알수록
네가 얼마나 약한 존재인지 깨달을 것이다.
채워질 수 없는 결핍을 마주하면
넌 슬퍼할 수밖에 없단다.
네 약함은 내게로 오는 지름길이고
네 슬픔은 기쁨의 마중물이란다.

약한 너와 함께할 것이다.
슬퍼하는 널 위로할 것이다.
네 모든 순간에 함께할 거야.

네 감정을 따라
신앙을 평가하지 말거라.
외롭다고 혼자가 아니란다.
절망한다고 실패한 게 아니야.

감정은 진실이 아니란다.
내게로 와서 진실을 들어라.
넌 내 사랑스러운 자녀이기에
난 언제나 너와 함께할 것이다.

사랑한다, 나의 자녀야!

심령이 가난한 자는 복이 있나니
천국이 그들의 것임이요

마태복음 5:3

좋은 사람이 되려고
애쓰지 말거라

나의 자녀야,

좋은 사람이 되려고
애쓰지 말거라.

다른 사람에게 인정받기 위해
마음에도 없는 친절을 베풀지 말거라.

상처 되는 말을 듣고도
억지로 괜찮은 척,
웃어넘기지 않아도 괜찮다.

네 말 한마디로 교회가 비난받을까 봐
너 아닌 모습으로 살아가는 걸 보면
내 마음이 찢어질 듯 아프단다.

너 아닌 모습으로 살기 위해 애쓰지 말거라.
긴장을 풀고 편안하게
너다운 모습으로 살아 주렴.
난 자연스러운 네가 좋단다.

네가 억지 노력에서 벗어난다고
막무가내로 살게 되진 않는단다.
내가 네 안에서
선한 열매를 맺게 할 거란다.

너다운 모습으로 편안하게 살지라도
너를 통해 내 사랑이 전해질 거야.

네 안에서 착함을 끌어내지 말거라.
네 사랑으로는 단 한 사람도 사랑할 수 없단다.

내게 뿌리를 깊이 내리고
내 사랑을 듬뿍 받거라.
내 사랑이 네 안에서 흘러넘치면
넉넉한 사람이 될 수 있단다.

네 향기가 널 통해
사방으로 퍼져 갈 거야.

억지로 좋은 사람이 되지 말거라.
너는 이미 좋은 사람이란다.

사랑한다, 나의 자녀야!

못된 열매 맺는 좋은 나무가 없고
또 좋은 열매 맺는 못된 나무가 없느니라

누가복음 6:43

담담하게
   네 길을 가거라

나의 자녀야,

다른 사람의 시선을
외면할 수 없는 네 심정을 안다.

하루에도 몇 번씩
사람들과 부대끼는 너를 보면
내 마음이 아프단다.

사람 관계는 항상 어렵지.
상대가 있기 때문이란다.

모든 게 네 잘못은 아니란다.
네가 완벽한 사람이라고 해도
너를 반대하는 사람은 어디에나 있단다.

때로는 의연하게 네 길을 가야 해.

다른 사람을 마음속으로 무시하고
우월감을 느끼라는 말이 아니란다.

네 신념과 가치가 모든 사람에게
존중받을 수는 없다는 뜻이란다.

모든 사람과 잘 지낼 수는 없단다.
너를 적극적으로 반대하는
사람도 있기 때문이란다.
그들의 인정을 받기보다 내 인정을 받거라.

내 사랑 안에 굳건히 서서
다른 이들의 적대감을 견뎌 내거라.
널 나락으로 떨어뜨리려는
사람을 만나더라도 두려워 말거라.

넌 절대 끝장나지 않을 거란다.

담담하게 네 길을 가거라.
내가 널 책임질 것이다.

사랑한다, 나의 자녀야!

일어나 동네 밖으로 쫓아내어

그 동네가 건설된 산 낭떠러지까지 끌고 가서

밀쳐 떨어뜨리고자 하되

예수께서 그들 가운데로 지나서 가시니라

누가복음 4:29,30

날 의지할수록
넌 강해질 것이다

나의 자녀야,

지친 널 위로하고 싶구나.

하나의 고통이 지나면
잠시도 편안할 틈 없이
또 다른 고통이 찾아온다는
네 불평을 이해한다.

그만 포기하고 싶다는 네 기도를
귀 기울여 듣고 있단다.

네 인생이
네게 버겁다는 것도 안다.

네가 감당할 수 없는 일들이
끝없이 펼쳐질 때,
숨을 쉴 수 없을 만큼 괴로울 거야.

네 인생을 네 능력으로 감당하면
버거울 수밖에 없단다.

난 널 네 능력만큼 살도록
창조하지 않았단다.

날 사랑하고 바라보고
의지하는 연습을 하렴.
네가 내 능력으로
살아 주기를 바란단다.

거센 파도가 코앞까지 밀어닥쳐도
차분하게 나를 찾고 의지하거라.
네가 두려워하는 현실은,
내가 단번에 물리칠 수 있는 허상이란다.

아무것도 할 수 없는 어린아이처럼
내게 매달리거라.
날 의지할수록 넌 강해질 거야.

사랑한다, 나의 자녀야!

네 짐을 여호와께 맡기라
그가 너를 붙드시고
의인의 요동함을
영원히 허락하지 아니하시리로다

시편 55:22

내 뜻을
추구하거라

나의 자녀야,

무슨 일을 하든
이익을 가늠하는 방식으로
시작하지 말거라.

너는 많은 수익에 현혹될 것이고
유혹을 뿌리치지 못해
잘못된 길로 접어들 거야.
결정은 잠시 잠깐이지만
그 대가는 혹독하단다.

눈앞의 수익을 계산하면
아무것도 이루지 못하지.
네가 예상한 만큼 수익이 나지 않으면
넌 동력을 잃고 중단할 거야.

씨앗을 뿌리고 즉시 추수할 수는 없단다.
원하는 결실을 얻기 위해서는
시간이 필요하지.

시작하는 결단보다 중요한 건
지속하는 능력이란다.
역경을 이겨내고 지속하려면
너 자신만의 의미를 찾아야 한단다.

당장 수익이 없을지라도
십 년을 지속할 수 있는지
그만큼 값지고 의미 있는 일인지
깊이 생각하거라.

네가 의미를 추구하면
포기를 모르는 인내로 임할 것이고,
네가 원하는 것을 이룰 것이다.

네게 가장 값진 의미가
내가 되기를 바란다.

내 사랑 안에서
내 뜻을 추구하거라.
너는 결국 모든 걸 얻을 것이다.

사랑한다, 나의 자녀야!

먼저 그의 나라와 그의 의를 구하라

그리하면 이 모든 것을 너희에게 더하시리라

마태복음 6:33

네 소망은
현실이 될 것이다

나의 자녀야,

네 치유가 더디다고 괴로워 말거라.
눈에 보이는 게 전부가 아니란다.

다른 사람의 행복을 부러워 말거라.
모두 각자의 아픔으로 날 찾는단다.

난 널 차별하지 않는다.
네 요청에 응답하고,
보란 듯이 너를 치유할 것이다.

네 인생이 나락으로
떨어진 것처럼 느껴질지라도
아직 끝이 아니란다.

나를 믿거라.
희망의 끈을 놓지 말거라.

모두가 끝났다고 말할 그때,
네 소망은 현실이 될 것이다.

난 모든 걸 가능케 하는
살아 있는 하나님이란다.

사랑한다, 나의 자녀야!

예수께서 들으시고 이르시되

두려워하지 말고 믿기만 하라

그리하면 딸이 구원을 얻으리라 하시고

누가복음 8:50

네 시간이 헛되게
흘러온 게 아니란다

나의 자녀야,

네가 두려워하는 미래는
현실이 되지 않았단다.

미리 앞서 결론 내리지 말고
침착하게 방법을 찾아보거라.

지나온 시간, 너는 모든 힘을 소진했단다.
네게는 휴식이 필요하단다.
몸과 마음을 회복하고
새로운 마음으로 시작해 보거라.
네 일상을 회복하고 본질에 집중하렴.

이익에 따라 움직이지 말고
네 진심을 따르거라.

한 사람 한 사람을 소중히 여기면
넌 결국 원하는 걸 이룰 수 있단다.

모든 근심과 걱정을
내게로 가져오거라.

네가 최선을 다했다는 걸 안다.
네 시간은 헛되게 흘러온 게 아니란다.
단지, 시간이 걸릴 뿐이지.
조급한 감정으로
미리 포기하지 말거라.

나와 함께 한 걸음을 더 내딛거라.
난 널 절대 포기하지 않는다.

사랑한다, 나의 자녀야!

나의 영혼아 잠잠히 하나님만 바라라
무릇 나의 소망이 그로부터 나오는도다

시편 62:5

마음 편히
물어보렴

나의 자녀야,

난 네가 의심 없이 믿기를
바라지 않는단다.

네 안에 찾아드는 수많은
질문들을 억누르지 말거라.
네가 날 온전히 믿으려면
수많은 질문이 필요하단다.

내게로 와서 마음 편히 물어보렴.

나는 오히려 네가 질문 없이
맹목적으로 믿을까 봐 걱정스럽다.
내가 누구인지, 무엇을 위해 세상에 왔는지
깊이 생각해 보거라.

남이 말해 준 내가 아니라
네가 직접 만난 내가 되기를 바란다.
내 사랑이 네 마음에 닿을 때,
네 믿음이 건강하게 자랄 수 있단다.

날 더욱 알고 싶다면 내 말씀을 읽어라.
모든 말씀은 처음부터 끝까지
나에 대한 기록이란다.
밋밋한 글자들이 네 눈물로 희미해질 때
첫 만남이 시작되는 거란다.

서두르지 말거라.
너는 이미 충분하단다.

사랑한다, 나의 자녀야!

요한이 그 제자 중 둘을 불러 주께 보내어 이르되
오실 그이가 당신이오니이까
우리가 다른 이를 기다리오리이까

누가복음 7:19

분별하고
거리를 두거라

나의 자녀야,

내 뜻을 알기 위해
다른 사람을 찾지 말거라.

네 마음을 꿰뚫어 보듯
말하는 사람과 거리를 두거라.
그들은 자기 과시에 빠져
나와 멀어진 사람들이란다.

불안한 감정으로 다른 사람에게
내 뜻을 묻기 시작하면,
넌 혼란에 빠질 거야.
그들이 널 속박하고
자기 멋대로 휘두를 거란다.

널 다른 사람에게 빼앗기고 싶지 않단다.
널 온전히 독점하길 원한다.

난 내 뜻을 네가 아닌
다른 사람에게 말해 주지 않는단다.
그들을 분별하고 거리를 두거라.
세상 누구도 나만큼 널 잘 알 수 없단다.

나를 오해 없이 만나려면
말씀을 펼쳐야 한단다.
무서운 구절을 만나더라도
오해하지 말거라.

성경을 바르게 해석하고 깊이 들여다보면,
내 진심을 알게 될 거야.

사람이 아닌 말씀을 통해
날 만나거라.
말씀이 어렵고 해석이 더딜지라도
오직 그 길만이 안전하단다.

난 차별 없는 사랑으로
너와 함께한단다.

혼자라는 생각에 외로워 말거라.
내게는 오직 너뿐이란다.

사랑한다, 나의 자녀야!

이는 각하가 알고 있는 바를
더 확실하게 하려 함이로라

누가복음 1:4

네게 말할 수 없이
고맙단다

나의 자녀야,

네가 원하는 걸
당장 쉽게 얻으려고 하지 말거라.

원하는 걸 금방 손에 쥐지 못한다고
네 노력이 의미 없는 게 아니란다.

방향이 맞을지라도
원하는 목적지에 도달하는 건
길고 긴 여정이란다.

좋은 씨앗을 심었을지라도
씨앗이 뿌리를 내리고 열매를 맺으려면
오랜 시간이 필요한 것처럼.

넌 결과를 통제할 수 없단다.

네 계산으로 결과를 단정하고
미리 포기하지 말거라.

눈에 보이는 결실로
널 평가하지 말고,
손에 잡히는 것으로
네 성취를 가늠하지 말거라.

내가 네게 맡긴 사명은
네 계산으로 측정할 수 없단다.

날 위해 네가 얼마나 애쓰는지 안다.
모든 수고가 헛되지 않단다.
네게 말할 수 없이 고맙구나.

네가 외롭고 힘겨운 싸움을 할 때,
혼자라고 생각하지 말거라.
난 언제나 네 곁에 있단다.

힘들어 포기하고 싶은 날에는
내게로 와서 울어라.

네가 울며 뿌린 씨앗은
아름다운 꽃이 되어
사막에서 만발할 것이다.

포기하지 말거라.
난 사막에 길을 내는 네 하나님이다.

내 발자국을 따라 걸으면
안전하게 내게 도착할 것이다.

사랑한다, 나의 자녀야!

보라 내가 새 일을 행하리니
이제 나타낼 것이라 …
반드시 내가 광야에 길을
사막에 강을 내리니
이사야서 43:19

3
PART

다시 살 힘을 얻게 하는
주님의 위로

상처는 부끄러운 게
아니란다

나의 자녀야,

상처로 아팠던 과거를 잊지 말거라.
네가 어떻게 치유되었는지
널 기억하는 사람들에게 보여 주렴.

네 상처는 부끄러운 게 아니란다.
넌 상처 속에서 살아 돌아온 생존자란다.

네가 살아 있다는 것만으로
난 기쁘단다.

네 존재는 내가 살아 있다는 증거란다.
네 아픔을 담담하게 말하렴.

상처로 절망한 사람들이
널 통해 희망을 품게 될 거란다.

내가 널 치유했듯이
널 통해 다른 사람들의 상처가
치유되길 원한다.

넌 상처 입은 치유자,
내 소중한 자녀란다.

사랑한다, 나의 자녀야!

예수께서 그를 보내시며 이르시되
집으로 돌아가 하나님이 네게 어떻게
큰일을 행하셨는지를 말하라 하시니
누가복음 8:38,39

네 절박한 상황을
내가 안다

나의 자녀야,

네 절박한 상황을 내가 안다.

상황에 휘둘리지 말고
오직 나만을 바라보거라.
날 바라보면 반드시 살 것이다.

신비주의자가 되라는 말이 아니다.
냉철한 이성으로 현실을 바라보거라.
네가 할 수 있는 것과
할 수 없는 것을 구분하거라.

네 무능을 인정할 때,
상황을 반전시킬 통찰과 용기,
지혜와 정서를 네게 줄 것이다.

네 능력과 한계에 매몰되어
너 자신을 탓하지 말거라.

널 구원할 힘은 네 안에 없단다.
그 힘은 내게서 나온단다.
날 네 하나님으로 인정하거라.
반드시 널 살려 낼 것이다.

사랑한다, 나의 자녀야!

모세가 놋뱀을 만들어 장대 위에 다니
뱀에게 물린 자가 놋뱀을 쳐다본즉 모두 살더라

민수기 21:9

혼자 참으며
괴로워하지 말거라

나의 자녀야,

두려운 감정에 휩싸이면
널 둘러싼 환경이 커 보인단다.
넌 작아지고 문제는 크게 보여서
해결하고 싶은 의지가 꺾이고 말 거야.

네가 얼마나 고통스러운지 안다.
혼자 참으며 괴로워하지 말거라.

주저하지 말고
내게 살려 달라고 말하거라.
널 두렵게 하는 상황을
난 단번에 해결할 수 있단다.
두려워 벌벌 떠는 널
비난하고 싶지 않구나.

너는 나를 의지하도록
약하게 지음 받았단다.
네 약함을 탓하지 말고
나의 강함에 의존하거라.

너는 잠시 흔들릴 뿐,
절대 침몰할 수 없단다.

난 바람과 물결을 잠잠케 하는
살아 있는 네 하나님이란다.

사랑한다, 나의 자녀야!

제자들이 나아와 깨워 이르되

주여 주여 우리가 죽겠나이다 한대

예수께서 잠을 깨사 바람과 물결을 꾸짖으시니

이에 그쳐 잔잔하여지더라

누가복음 8:24

다른 사람의 칭찬에
연연하지 말거라

나의 자녀야,

다른 사람의 칭찬에
연연하지 말거라.

누군가가 널 칭찬하거든
마음에 담아 두지 말고 흘려보내거라.

아무 일 없었다는 듯이
차분해야 한단다.

칭찬에 들뜨면
사람의 인정에 휘둘릴 거야.
사람의 인정을 추구하는 삶은
피곤하고 괴롭단다.

내가 네게 맡긴 일들을
차분하게 감당하거라.
사람이 알아 주지 않더라도
지치지 말거라.

오직 나만을 바라보고 묵묵하게
네게 주어진 일을 감당하거라.
온 세상이 널 반대해도
난 언제나 네 편에 서 있단다.

사랑한다, 나의 자녀야!

모든 사람이 너희를 칭찬하면 화가 있도다
그들의 조상들이 거짓 선지자들에게
이와 같이 하였느니라

누가복음 6:26

널 용서하길
원한다

나의 자녀야,

죄책감에서 벗어나
평안하거라.

넌 이미 충분히 고통 받았고
난 널 용서하길 원한다.

넌 많은 죄를 떠올리며
내 앞에 설 자격이 없다고 말하지만
난 네가 사랑스러울 뿐이란다.

스스로 의롭다 믿는 사람은
자기 죄를 가볍게 여긴단다.
가벼운 몇 마디 기도문으로
자신을 용서해 버리지.

내가 용서해 줄 틈도 없이
자기를 용서하는 사람은
내가 필요 없는 사람이란다.

내 용서는 절대 가볍지 않단다.
내 목숨으로 값을 치렀단다.

**용서의 가치를 아는 사람만이
용서 받을 수 있단다.**

내 앞에서 밤낮없이 울며
용서해 달라고 말하는 널 보면
마음이 찢어질 듯 아프단다.

내 가슴을 열어
얼마나 널 사랑하는지
보여 주고 싶구나.

넌 자신을 정죄하지만
난 널 사랑한단다.

내가 널 용서하기를 원한다.
이제 내 품에 안겨 평안하거라.

사랑한다, 나의 자녀야!

그의 많은 죄가 사하여졌도다
이는 그의 사랑함이 많음이라
사함을 받은 일이 적은 자는
적게 사랑하느니라

누가복음 7:47

일방적인 희생을
거부하거라

나의 자녀야,

네 일방적인 희생에는
네 결핍이 있단다.

어린 시절부터
가족의 모든 짐을
대신 짊어지고 살았지.

네가 외면하면 방치될 수밖에 없는
가족의 문제를 지금도 감당하고 있단다.

사람들은 네가 작은 문제로
쉽게 넘어진다고 말하지만
내 생각은 다르단다.

이미 짊어진 짐이 무거워서
거기에 작은 무게라도 더하면
무너질 수밖에 없단다.

넌 네가 약하다고 생각하지만
그 누구보다 강하단다.

하지만 내 자녀야,
난 네가 가벼워지기를 원한다.
모든 짐을 내게 내려놓고
편안해지거라.

다른 사람과의 관계에서
일방적인 희생을 거부하거라.
외면할 수 없는 강박을 버텨 내거라.

다른 사람의 짐까지 끌어안고
버티고 버티다 무너져 내리면,
넌 모든 걸 잃는단다.

거절하기 힘들다는 걸 안다.
내 사랑 안에서 굳건해지거라.

따뜻한 마음으로 정중히
거절하는 방법을 배워야 한단다.
그래야 네가 살 수 있단다.

어렵다는 걸 안다.
걸음마를 배우듯이 한 걸음씩 나아가자.
넌 결국 해내고 말 거야.

사랑한다, 나의 자녀야!

오직 너희 말은 옳다 옳다, 아니라 아니라 하라
이에서 지나는 것은 악으로부터 나느니라

마태복음 5:37

사람 관계는
항상 어렵단다

나의 자녀야,

사람 관계는 항상 어렵단다.
상대가 있기 때문이지.
네가 그를 이해하고 용납하기 위해
최선을 다했다는 걸 알고 있다.

그의 일방적인 통보로
관계가 끝나 버린 지금,
네가 얼마나 슬픈지 아무도 모를 거야.

너 자신을 탓하지 말거라.
넌 최선을 다했으니까.

그의 비위를 맞추기 위해
넌 많은 대가를 치렀단다.

네 희생 속에 의무적인 노력이 있었기에
난 더욱 슬프단다.

내 말씀을 오해하면
마음에도 없는 억지 노력을 하게 된단다.

넌 내 소중한 자녀야.
아무도 함부로 대할 수 없단다.

내 사랑으로 사랑하되 분별하거라.
아무도 네 희생을 당연하게 여기지 않길 바란다.
넌 내 희생으로 얻은 소중한 자녀란다.

사랑한다, 나의 자녀야!

누구든지 너희를 영접하지 아니하거든

그 성에서 떠날 때에

너희 발에서 먼지를 떨어버려

그들에게 증거를 삼으라

누가복음 9:5

네 모든 감정을
쏟아 놓으렴

나의 자녀야,

내게 와서 네 모든 감정을 쏟아 놓으렴.
나는 착한 너보다 솔직한 네가 좋단다.

내가 아니라면
누구에게 그 말을 할 수 있겠니?

네 모든 감정은 정당하단다.
그를 미워하는 널 정죄하지 말거라.
네가 당한 일에 나도 마음이 아팠단다.

미워하는 감정을 숨기고
애써 괜찮은 척하지 말거라.

내게 와서 울고 속상했다고 말하고

마음이 풀릴 때까지 화를 내라.
네가 충분하다고 말할 때까지 들어 줄 거야.

난 널 정죄하지 않는단다.
내 사랑으로 감싸 줄 거야.
사람에게 상처 받은 너를
내 사랑으로 치유하고 싶구나.

깨지고 상한 네 마음이 회복되면
그 안에 내 사랑이 채워질 거야.
그러면 그 사람을 놓아 줄 수 있단다.

조급할 필요 없단다.
내 사랑으로 천천히 회복될 거야.

사랑한다, 나의 자녀야!

주여 나는 외롭고 괴로우니
내게 돌이키사 나에게 은혜를 베푸소서

시편 25:16

넌 넘어질 수밖에
없단다

나의 자녀야,

시험에 걸려 넘어진 널
위로하고 싶구나.

네가 넘어져 아파하며
날 찾는 목소리를 들었단다.
진심 어린 기도가
내 마음에 닿았단다.

네 죄를 기억하지 않을 테니
일상으로 돌아가거라.

네가 날 더 사랑했다면
넘어지지 않았을 거라고
단정하지 말거라.

아무리 날 사랑할지라도
넌 넘어질 수밖에 없단다.

사단은 호시탐탐
너를 쓰러뜨릴 기회를 엿본단다.
이 세상을 살아가는 동안
시험을 피할 수 없단다.

시험을 이기려 애쓰는 만큼,
넘어졌다 다시 일어나는 방법을
배워야 한단다.

시험에 걸려 넘어졌을 때,
자신을 정죄하지 말거라.
널 미워하는 대신
네 죄를 미워하거라.

시험에 걸려 넘어졌을지라도
넌 여전히 내 사랑스러운 자녀란다.

내가 너를 용서했단다.
너도 너를 용서하거라.

사랑한다, 나의 자녀야!

예수께서 성령의 충만함을 입어
요단강에서 돌아오사 광야에서
사십 일 동안 성령에게 이끌리시며
마귀에게 시험을 받으시더라

누가복음 4:1,2

진실한 관계만
남을 것이다

나의 자녀야,

억울한 네 마음을 안다.

사람들은 서로 주고받는 말을
쉽게 믿고 받아들인단다.
네가 하지도 않은 말을 지어내고
사소한 행동 하나하나를 부풀린단다.

오해를 풀기 위한 노력이
아무 소용이 없다고 느껴지면,
네 마음이 무너져 내릴 거야.

소중한 사람들이 하나둘 떠나갈 때,
버림받는 감정으로 고통 받는 너를 안다.

떠날 사람은
미련 없이 떠나보내거라.
모든 사람을 잃을지라도
낙심하지 말거라.

고통의 폭풍이 지나면
진실한 관계만 남을 것이다.

네가 겪은 비극을 반복하지 않기를 바란다.
네 곁에 남은 사람을 소중히 여겨라.

떠도는 말을 덥석 믿고 편견의 눈으로
다른 사람을 바라보지 말거라.

언제나 중심을 잡고 진실의 편에 서라.
네가 겪은 일의 진실을 내가 안다.

진실은 곧 드러날 것이고,
널 비난하던 사람들은
부끄러워 견딜 수 없을 것이다.

지금 잠시 고통 받을지라도
포기하지 말거라.

상처 받은 널 내가 위로할 것이며
억울함을 풀어 줄 것이다.

사랑한다, 나의 자녀야!

까닭 없이 나를 미워하는 자들이
서로 눈짓하지 못하게 하소서

시편 35:19

귀가 아닌
마음으로 들어라

나의 자녀야,

네 지혜로 세상을 살아가면
아무것도 얻을 수 없단다.
네 것이라 여기는 것들도
손에 쥔 모래처럼 흘러내려 사라진단다.

포기하고 싶을 때마다
내 말씀 안에서 답을 찾거라.

내 말씀을 들을 때
귀가 아닌 마음으로 들어라.
한 절 한 절 마음에 담고
깊이 묵상하고 순종하거라.

내 말씀이
요동치는 네 감정을 잠잠하게 할 것이다.
칠흑 같은 어둠 속에서
어디로 나아가야 할지 모를 때,
북극성처럼 널 인도할 것이다.

하루하루 순종하며
한 걸음씩 나아가거라.

내가 네게 명철을 더할 것이고
네 지혜는 마르지 않을 것이다.

사랑한다, 나의 자녀야!

지혜 있는 자는 듣고 학식이 더할 것이요
명철한 자는 지략을 얻을 것이라

잠언 1:5

네 모든 수고를
안단다

나의 자녀야,

네 능력으로
사람을 변화시킬 수 없단다.

너는 그저 사랑만 하거라.
사람을 변화시킬 모든 능력은
내게서 나온단다.

사람들을 섬기다 보면 조급해질 거야.
조금도 변화되지 않는
그들의 모습에 절망하기 쉽지.

한 영혼 한 영혼을 내게 맡겨라.
내가 널 사랑하고 변화시켰듯이
그들을 사랑으로 변화시킬 거란다.

네 모든 수고를
사람이 기억하지 못한다고
낙심하지 말거라.
내가 다 알고 있단다.

한 사람을 향한
네 간절한 기도와 섬김을
나는 잊을 수 없단다.

사랑한다, 나의 자녀야!

심는 이나 물 주는 이는 아무것도 아니로되
오직 자라게 하시는 이는 하나님뿐이니라

고린도전서 3:7

오늘보다 내일,
날 더 사랑하렴

나의 자녀야,

앞날이 걱정될 때마다
우리가 함께 보낸 시간을 떠올려 보렴.
너마저도 너 자신을 포기했던
슬픈 과거를 나는 기억한단다.

내가 네게 손을 내밀었을 때,
그 손을 붙잡아 줘서 고맙구나.
네게는 희미한 기억이지만
내게는 생생하단다.

앞날을 두려워하는
네 심정을 이해한단다.
아직 가 보지 않은 세상이니까.

나는 시간을 초월해
너를 책임지고 돌본단다.
눈앞에서 시시각각 변하는
상황에 휘둘리지 말거라.

나는 변하지 않는 사랑으로
영원히 너와 함께할 거야.
어제보다 오늘, 오늘보다 내일
나를 더 사랑하렴.
내가 네게 바라는 건 사랑뿐이란다.

두려워하지 말거라.
내가 너를 책임질 거란다.

사랑한다, 나의 자녀야!

내일 일을 위하여 염려하지 말라
내일 일은 내일이 염려할 것이요
한 날의 괴로움은 그날로 족하니라
마태복음 6:34

하루하루 사는 게
            얼마나 힘드니

나의 자녀야,

하루하루 사는 게
얼마나 힘드니.

힘든 상황에서도 날 바라보며
의지해 주어서 기쁘구나.

네 힘으로 살지 않는 네가 참 좋단다.
널 위해 많은 일을 이뤄 주고 싶구나.

너를 둘러싼 현실에 파묻혀
섣불리 절망하지 말거라.
네 눈에 보이지 않을 뿐,
너를 위해 네 앞길을 준비하고 있단다.

네 인생이 어떻게 될지 몰라 두렵거든
내 손을 꼭 잡거라.

나를 따라 뚜벅뚜벅 걸으면
우리는 안전하게 목적지에 도착할 거야.

내 영원한 처소에서
아버지의 나라와 영광을 선물하고 싶구나.
조금만 힘을 내 주렴.

사랑한다, 나의 자녀야!

이는 우리가 믿음으로 행하고
보는 것으로 행하지 아니함이로라

고린도후서 5:7

날 찾아 헤매지
말거라

나의 자녀야,

네 눈에 보이지 않아도
내가 없는 게 아니란다.

외로운 감정이 널 속일지라도
내 말을 믿어 줄 수 있겠니?

널 홀로 두지 않으려고
난 값비싼 희생을 치렀단다.

네 타는 듯한 목마름을
내가 안다고 말하면 속상할까?

나의 자녀야,
나 역시 십자가에서 목이 말랐단다.

타는 목마름, 바짝 마른 입술로
아버지를 불렀지만
대답하지 않으셨지.

그분의 침묵이
견딜 수 없을 만큼 슬펐단다.

네게 똑같은 고통을
안겨 줄 수 없기에 난 널 위해
마르지 않는 샘물이 되었단다.

내게 와서 마시렴.
네 목마름을 해갈할
솟구치는 샘물이 되고 싶구나.

사슴처럼 어여쁜 내 자녀야.
날 찾아 헤매지 말거라.

난 지금 여기 네 곁에 있단다.

사랑한다, 나의 자녀야!

하나님이여

사슴이 시냇물을 찾기에 갈급함같이

내 영혼이 주를 찾기에 갈급하니이다

시편 42:1

의무감에서 벗어나
평안히 사랑하거라

나의 자녀야,

너 혼자만의 힘으로
모든 사람을 돌볼 수 없단다.

네게 도움을 청하는 사람들에 대한
두려움을 내려놓거라.
그들도 네가 할 수 없다는 걸 안단다.
네 수준에서 생각하지 말거라.

네가 가진 무엇으로도
그들의 절박한 필요를 채울 수 없다.
그들이 진정으로 원하는 건
내 사랑이란다.

한 사람도 실망하게 하지 않으려는
네 진심을 안다.

아무 도움을 줄 수 없는 네 처지를
비관하며 자책하지 말거라.
오늘만 있다가 사라지는 네가 아니란다.
너를 지키고 보호하는 방법을 배우렴.

네가 소진되지 않고 꾸준히 오래
내 곁에 머물기를 바란단다.

네게 손 내미는 한 사람 한 사람을
내게로 데려오거라.

네가 할 수 없는 그 일을
내가 능히 행할 것이다.

모든 능력은 나로부터 시작된단다.
내가 그들을 치유하고 돌볼 것이다.

넌 목격자일 뿐 아무 능력이 없단다.
모든 의무감에서 벗어나
평안히 사랑하거라.

너 역시도 내 사랑이 필요한
연약한 자녀일 뿐이란다.

사랑한다, 나의 자녀야!

하나님은 불의하지 아니하사
너희 행위와 그의 이름을 위하여 나타낸 사랑으로
이미 성도를 섬긴 것과 이제도 섬기고 있는 것을
잊어버리지 아니하시느니라

히브리서 6:10

날 설득하지 않아도
괜찮단다

나의 자녀야,

네가 무엇을 계획하든
힘을 다해 추진하거라.

나는 네 계획을
무조건 반대하지는 않는단다.
네가 충분히 고민하고
세운 계획임을 안단다.

네가 현실에 안주하지 않고
도전하는 모습이 사랑스럽단다.

내게 허락 받으려 전전긍긍하지 말거라.
또 날 설득하려
그럴듯한 구실을 만들지 말거라.

나를 설득하지 않아도 괜찮다.
내가 네 진심을 안단다.

다른 사람을 설득하느라 진을 빼지 말거라.
네가 시작도 하기 전에
지쳐 쓰러질까 걱정스럽단다.

날 의지하는 마음으로 첫발을 내딛거라.
네 계획이 순조롭지 않다고
실패로 단정하지 말거라.

오직 너와 나, 우리의 관계에 집중하렴.
네 계획 속에 내가 있다는 걸 안단다.
나와 함께 담대하게 나아가렴.

사랑한다, 나의 자녀야!

하나님이여 나를 살피사 내 마음을 아시며
나를 시험하사 내 뜻을 아옵소서

시편 139:23

쫓기듯 살지 말고
여유를 가지렴

나의 자녀야,

쫓기듯 살지 말고
여유를 가지렴.

생존하기 위해 발버둥을 치는
네 불안감이 내게 전해진단다.

내가 널 세상에 보낸 이유는
생존이 아니라 내 기쁨을 위해서란다.

나를 사랑하는 네 존재가
내게는 말할 수 없는 기쁨이란다.

많은 계획을 세우면서
두려움에 떨지 말거라.

네 인생은 네 계획이 아닌
내 계획대로 흘러갈 거란다.

네 성공이
너를 먹여 살리는 게 아니란다.
네 모든 시도가 실패할지라도
난 널 끝까지 책임질 거야.

네 인생이 망해 버릴 것 같은
두려움이 한꺼번에 밀려와도
내 손을 잡고 한 걸음을 더 내디디렴.

네 눈에 보이지 않을 뿐,
난 널 위한 놀라운 계획을
이루어 가고 있단다.

차가운 현실에 둘러싸여
겁먹지 말거라.

내가 너를 끝까지
책임지고 돌볼 거란다.

사랑한다, 나의 자녀야!

나의 도움은 천지를 지으신

여호와에게서로다

시편 121:2

네 감정에
의존하지 말거라

나의 자녀야,

네 상상이나 감정,
다른 사람의 경험에서
날 찾지 말거라.

간편하지만 위험하단다.

감정에 의존하면
넌 항상 극적인 방식으로
날 만나려고 할 거야.

네 눈에서 뜨거운 눈물이 흘러야만
내가 곁에 있다고 오해할 거란다.

다른 사람의 경험에 의존하면
내가 그 사람을 만나 주듯
널 만나 주지 않는다고 오해할 거야.

날 만나고 싶거든
말씀에 의존하거라.
말씀 안에서 나를 찾아야 한단다.

네 감정과 상상,
다른 사람의 경험조차도
말씀을 통해 검증 받거라.

말씀이 힘을 잃으면
넌 혼란스러울 거야.
부모의 손을 놓쳐 버린 아이처럼
울면서 길을 헤매게 될 거란다.

날 찾아 떠날 때는 나침반처럼
내 말씀을 사용해야 한단다.

난 어디에나 존재하고
온 세상을 다스리는 하나님이지만
말씀으로 너를 만난단다.

내가 그립거든 성경을 펼치렴.

나는 말씀이며
말씀은 곧 나 자신이란다.

사랑한다, 나의 자녀야!

태초에 말씀이 계시니라

이 말씀이 하나님과 함께 계셨으니

이 말씀은 곧 하나님이시니라

요한복음 1:1

네가 편안해지기를
바란다

나의 자녀야,

내 뜻을 네 기준 안에 가두지 말거라.

넌 널 위해 인생을 산다고 생각하지만,
네 모든 생각과 감정에
내가 있다는 걸 난 분명히 느낀다.

내 뜻대로 살지 못한다고
내게 미안한 마음을 갖지 말거라.
만약 네가 날 사랑하지 않는다면
전혀 느끼지 못했을 감정이란다.

난 네가 편안해지기를 바란다.
넌 내 뜻을 운운하며 자책하지만
네가 사랑스러울 뿐이란다.

내 뜻을 네 틀 안에
가두지 않기를 바란단다.

내 사랑은 네 존재를 향한단다.
나를 사랑하는 네가 어떤 선택을 하든
나는 기뻐한단다.
네가 어느 길로 가든
그 길 끝에는 내가 있단다.

내 뜻에서 벗어날까 봐 두렵거든
내 손을 잡거라.
산책하듯 편안하게 걷다 보면
내 뜻을 알게 될 거란다.

사랑한다, 나의 자녀야!

낮에는 구름 기둥, 밤에는 불 기둥이
백성 앞에서 떠나지 아니하니라

출애굽기 13:22

네 생각 안에
날 가두지 말거라

나의 자녀야,

네 상식 안에 날 가두면
넌 힘없이 살아갈 수밖에 없단다.

난 네가 정한 상식의 틀 안에서
일하지 않는단다.

난 온 우주를 다스리는 하나님이다.
날 믿고 의지하거라.

네가 걱정하는 것처럼
네 인생은 사그라지지 않는단다.
꺼져 가는 불씨처럼 위축되지 말거라.

내가 바람을 일으키면
넌 활활 타오르는 불꽃이 될 거란다.

네가 최선을 다했다는 걸 안다.
네 모든 시간이 헛되지 않다.

일상에서 상식이 아닌
진심으로 나를 인정하거라.

난 네 하나님이고
넌 내 소중한 자녀란다.

사랑한다, 나의 자녀야!

여호와의 사자가 … 그에게 나타나시니라
그가 보니 떨기나무에 불이 붙었으나
그 떨기나무가 사라지지 아니하는지라

출애굽기 3:2

내가 너를
돕기 원한다

나의 자녀야,

작은 일에 넘어졌다고
자책하지 말거라.

네 말대로 작은 일이라면
네가 이렇게까지 힘들지 않았을 거야.

고통은 비교할 수 없는 거란다.

작은 일로 작게 고통 받고
큰일로 크게 고통 받는 게 아니란다.
네가 감당할 수 없을 만큼
고통 받고 있음을 안다.

애써 괜찮다고 말하지 말거라.
네가 얼마나 힘든지 안다.

언제나 문제가 너보다 크단다.
그 문제를 축소하지 말고
아버지의 크심을 인정하거라.

내가 너를 돕기 원한다.

포기하지 말거라.
내가 너와 함께한단다.

사랑한다, 나의 자녀야!

내가 고통 중에 있사오니

내게 은혜를 베푸소서

내가 근심 때문에

눈과 영혼과 몸이 쇠하였나이다

시편 31:9

네 한계를
정하지 말거라

나의 자녀야,

네 한계를 정하지 말거라.

네 부정적인 생각과 말이
네 성장을 방해하고 있단다.

너는 스스로 현실과 자신의 능력을
잘 안다고 생각하지만,
진실이 아니란다.

결핍에 속박이 되어
너 자신을 조롱하지 말거라.
결핍의 목소리와
내 목소리를 구분하거라.

결핍은 항상 너를 속인단다.
현실을 깨닫게 해 준다는 명분으로
널 짓밟으려고 할 거야.

결핍의 목소리에 귀를 닫거라.
그것이 널 조롱할 때마다
내 목소리를 들어라.

난 네게 진실을 말해 줄 것이고,
넌 내 말씀을 통해
힘을 얻고 일어설 수 있단다.

넌 사랑스러운 내 자녀이고
내 능력으로
무엇이든 할 수 있는 존재란다.

네 인생에서 무엇을 이룰까
고민하지 말고,
나와 동행하며 날 위해
어떻게 살아갈지를 생각하거라.

난 네 진심을 원한단다.

네가 날 사랑한다면
그것으로 충분하단다.

사랑한다, 나의 자녀야!

내게 능력 주시는 자 안에서
내가 모든 것을 할 수 있느니라

빌립보서 4:13

내게는 오직
너뿐이란다

나의 자녀야,

너 자신을 다른 사람과 비교하지 말거라.

너는 네가
아무것도 아니라고 말하지만
너는 내 전부란다.
네가 없는 세상을 상상할 수 없단다.

너는 우연히 세상에 오지 않았다.
세상에 네가 존재하기 이전부터
널 알았고, 사랑했단다.

넌 다른 사람을 바라보며
네가 작다고 말하지만
난 오직 너만을 바라본단다.

내게 다른 사람은 없단다.
오직 너뿐이란다.

종일 너만을 바라보면서
너와 함께 울고 웃지.

남다른 능력으로
날 만족시키려 하지 말거라.
넌 이미 남다른 사랑으로
나와 함께한단다.

내가 바라는 건
오직 사랑뿐이란다.

네가 날 얼마나 사랑하는지 안다.
그 사랑으로 충분하단다.

위축되지 말거라.
어깨를 펴고
당당하게 살아가거라.

내가 네 아버지란다.

사랑한다, 나의 자녀야!

너는 두려워하지 말라

내가 너를 구속하였고

내가 너를 지명하여 불렀나니

너는 내 것이라

이사야서 43:1

결핍이 쏟아 내는
거짓말

나의 자녀야,

네 안에서 울려 퍼지는
파괴적인 메시지를 인식하거라.

네 안의 결핍은 널 사로잡아
주저앉히려 한단다.
온갖 거짓말로 널 파괴하려 들지.

널 비난하고 정죄하는
파괴적인 메시지를 내게로 가져오거라.
결핍이 쏟아 내는 모든 거짓말을
낱낱이 밝혀 줄 거란다.

결핍이 너를 괴롭히거든
내게로 달려오렴.

내 사랑 안에 거하고
내 목소리를 들어라.

넌 혼자가 아니란다.
내가 네 곁에 있다.
세상 끝날까지 너와 함께할 것이다.

아침에 눈을 뜨는 순간부터
내 말씀으로 너 자신을 위로하거라.
네 안에서 울려 퍼지는 거짓말에
진리를 선포하고 담대해지거라.

사랑한다, 나의 자녀야!

사람들이 종일 내게 하는 말이
네 하나님이 어디 있느뇨 하오니
내 눈물이 주야로 내 음식이 되었도다

시편 42:3

4
PART

포기하지 않을 이유가 되는
주님의 인정

네가 원하는 걸
마음 편히 말하렴

나의 자녀야,

네가 원하는 걸
마음 편히 말하렴.

네가 편안한 삶을 살고 싶어 하는 건
당연한 거란다.

미리 앞서
네 기도를 판단하지 말거라.
네가 욕심이라고 말하는 기도마저
나는 사랑스럽단다.

성숙한 기도의 내용으로
내게 감동을 주려 하지 말거라.

내 앞에서만큼은
속 깊은 자녀가 될 필요 없단다.

철부지 어린아이처럼 떼써도 괜찮다.
갖고 싶은 걸 갖고 싶다고 말하는 건
자녀의 특권이란다.
주저하지 말고 원하는 걸 말하렴.

난 네 모든 필요를 채우는
하나님이란다.

사랑한다, 나의 자녀야!

여자가 이르되 주여 옳소이다마는 개들도
제 주인의 상에서 떨어지는 부스러기를 먹나이다
이에 예수께서 대답하여 이르시되
여자여 네 믿음이 크도다 네 소원대로 되리라

마태복음 15:27,28

미리 포기하지
말거라

나의 자녀야,

겁을 먹고 미리 포기하지 말거라.
끊임없이 새로운 일을 시도하거라.

내가 네게 지혜를 줄 것이고,
넌 결국 방법을 찾아낼 거야.

상황은 끊임없이 변한단다.
변하는 것에 휘둘리지 말거라.
변하지 않는 건
오직 내 말씀뿐이란다.

내 말씀을 붙잡고
한 걸음씩 나아가거라.

불안하고 복잡한 상황일수록
올바른 결정을 내려야 해.

내 말씀을 근거로 판단하거라.
내가 너와 함께한단다.

두려워하지 말고
오늘 하루를 살아 내거라.

사랑한다, 나의 자녀야!

풀은 마르고 꽃은 시드나
우리 하나님의 말씀은 영원히 서리라

이사야서 40:8

널 방치하지
않는단다

나의 자녀야,

난 내 배고픔을 위해
내 능력을 사용하지 않았단다.

내가 '하나님의 아들'이라는 걸
증명할 필요가 없기 때문이었지.

나는 고난을 기꺼이 감당했단다.
아버지께서 내게 맡기신 사명이니까.

난 처음부터 아버지와 함께 있었고,
아버지 뜻을 따라 이 세상에 왔단다.

하지만 난 네 배고픔을
잠시도 지켜볼 수 없단다.

네 고통을 지켜보는 게
괴롭기 때문이란다.

나는 돌을 떡으로 만들라는
유혹을 단숨에 물리쳤지만,
네 배고픔을 위해서는 적은 음식으로
오천 명을 먹이는 기적을 베풀었단다.

내 고통은 기꺼이 감당할 수 있지만,
네 고통을 바라보는 슬픔은
감당하기가 힘들구나.

널 고통 속에 방치한다는
오해를 풀어 주렴.

고통 속에서 네가 눈물 흘릴 때
내 마음이 찢어질 듯 아프단다.

고통 속에서 날 부를 때
네 목소리가 생생하게 들린단다.

내가 네 눈물을 닦아 주고
허기짐을 해결할 거란다.

조금만 참아 주렴.
내가 네 곁에 있다.

사랑한다, 나의 자녀야!

네가 만일 하나님의 아들이어든
이 돌들에게 명하여 떡이 되게 하라

누가복음 4:3

넌 이미
충분하단다

나의 자녀야,

내 뜻대로 살지 못한다고
절망하지 말거라.

난 무서운 하나님이 아니란다.
강압적인 순종을 원하지 않아.

자기를 부인하라는 말은
널 지워 버리라는 게 아니란다.

널 부인하기 위해서는
먼저 네가 있어야 한단다.

네 생각, 네 감정, 네 욕구
모든 게 내게 소중하단다.

널 억누르려 하거나
다른 사람이 되려고 하지 말고,
오직 너 자신이 되어 날 따라 주렴.

날 사랑하면 날 닮는단다.
가장 너다운 모습으로 날 따르렴.

날 닮아 나와 친밀해지면
내 뜻이 무엇인지
조금씩 알게 될 거야.

저 멀리 동떨어진 곳에서
내 뜻을 찾지 말거라.
내게로 가까이 와서 직접 물으렴.

네가 내 뜻을 물을 때마다
따뜻한 목소리로 말해 주고 싶구나.
넌 이미 충분하단다.

사랑한다, 나의 자녀야!

누구든지 나를 따라오려거든

자기를 부인하고

자기 십자가를 지고

나를 따를 것이니라

마태복음 16:24

네 모든 필요를
안단다

나의 자녀야,

내가 네 모든 필요를 안단다.

네가 원하는 것을 말할 때 주저하지 말거라.
난 언제나 널 도울 준비가 되어 있단다.

나 없이 잘해 나가는 자녀보다
나 없으면 아무것도 못 하는 자녀가
내게는 사랑스럽단다.

내게 와서 원하는 걸 말할 때,
망설이는 네 마음을 이해한다.

다른 누구에게 도와 달라고 한 적 없이
홀로 버텨 왔던 너였으니까

내게 도와 달라고 말하기가 어려울 거야.

하지만 내 자녀야,
난 네 하나님이란다.
내게 와서까지 망설이지 말거라.

자녀는 마땅히 아버지에게
원하는 걸 말할 수 있단다.
끝내 말하지 못하는 너라도 괜찮다.
그래도 네 모든 필요를 아니까.

말 못 하는 네게,
안쓰러운 네게,
내가 차고 넘치도록 채워 줄 거야.

사랑한다, 나의 자녀야!

내 혀의 말을 알지 못하시는 것이
하나도 없으시니이다

시편 139:4

서둘러 용서하지
말거라

나의 자녀야,

성급한 용서는
너를 고통스럽게 한단다.

다른 사람의 설득으로 인해
서둘러 용서하지 말거라.

네가 얼마나 힘든 일을 겪었는지
내가 안단다.

넌 아직 용서할 만큼
충분히 슬퍼하지 못했단다.
더 많이 울고 슬퍼하거라.
네 억눌린 감정을
눈물과 함께 쏟아 내거라.

네 눈물과 함께 모든 슬픔이
씻겨 내려가기를 바란다.

용서는 억지스러운 결단이 아니라
사랑받은 사람의 자발적인 순종이란다.
억지로 용서하는 대신
내 사랑을 듬뿍 받거라.

내 사랑이 흘러 넘치는 날,
네 모든 슬픔이 떠내려갈 거야.
네가 결심하지 않아도
용서할 수 있게 될 거란다.
용서가 괴로울 때마다
내 사랑 안에 거하렴.

사랑한다, 나의 자녀야!

내 영혼에게 가까이하사 구원하시며
내 원수로 말미암아 나를 속량하소서

시편 69:18

날 멀리하지
말거라

나의 자녀야,

날 멀리하지 말거라.
난 네 모든 죄를
용서할 거란다.

난 죄 없는 사람을 위해
세상에 오지 않았단다.

나 없이 단 하루도 살아갈 수 없는
널 위해 왔단다.

네 죄를 인식하면
절망하지 말고 기뻐하거라.

난 네 죄를 용서하고
널 온전한 삶으로 인도할 거란다.

완벽한 삶을 추구하지 말거라.
네 노력으로 완전해질 수 없다.

크든 작든 네 모든 죄를
내 앞에 내려놓거라.
나는 용서할 수 있단다.

죄인이라고 고백하는 순간,
너는 의인이란다.

내가 용서한 너를
정죄하지 말거라.
네 노력으로 의롭게 될 수 없단다.

아직 죄인인 너를 내 사랑으로
의롭다고 인정한 거란다.

아무도 너를 정죄할 수 없다.
너는 내 순결한 자녀란다.

사랑한다, 나의 자녀야!

우리가 아직 죄인 되었을 때에
그리스도께서 우리를 위하여 죽으심으로
하나님께서 우리에 대한
자기의 사랑을 확증하셨느니라

로마서 5:8

내 사랑으로
회복되거라

나의 자녀야,

네가 하려는 일을
과감히 시도해 보거라.

넌 사방이 막혔다고 생각하지만
난 네가 살아갈 길을 마련해 놓았다.

시행착오를 반복하면서
더 나은 방법을 찾아내길 바란다.
넌 실패를 두려워하지만
네가 포기하지 않는 한, 실패는 없단다.

넘어지고 일어섬을 반복하면서
내게로 가까이 나아오는 게
내가 원하는 성숙이란다.

시도하고 실패하고 깨닫고
더 나은 방법을 찾아내거라.
과정을 실패로 단정하지 말고 반복하거라.

내가 네게 지혜를 줄 것이고,
네 통찰을 사용할 거야.

난 네 땀을 사용하길 원하고,
널 통해 환경을 바꾸길 원한다.

아무리 깊은 낙심이라도
내 사랑으로 회복될 것이다.

사랑한다, 나의 자녀야!

우리가 사방으로

욱여쌈을 당하여도 싸이지 아니하며

답답한 일을 당하여도 낙심하지 아니하며

고린도후서 4:8

넌 남다른 결정을
내렸단다

나의 자녀야,

날 위해 살지 못한다고
자책하지 말거라.

겉으로 보기에는
널 위한 인생을 사는 것처럼
보일지 모른단다.
넌 엄연한 현실을 살아가고 있으니까.

하지만 내 자녀야,
난 네 중심을 본단다.

멋대로 흘러가 버릴 수 있는 인생에서
너는 남다른 결정을 내렸단다.

만약 날 사랑하지 않았다면
지금의 결정을 내리지 않았겠지.

네 인생의 무수한 선택지에서
넌 언제나 날 선택했단다.
네 진심을 내가 안다.

넌 하루하루 정신없이 살아가면서
날 위해 살지 못한다고 자책하지만
내 생각은 다르단다.

넌 이미 내 것이고
네 인생 역시 내 것이란다.
네가 애쓰고 힘쓰는 모든 시간이
날 위한 거란다.

널 위한 인생과
날 위한 사명을
나누지 말거라.

넌 이미 내 소유, 내 자녀란다.

사랑한다, 나의 자녀야!

주여 나를 떠나소서

나는 죄인이로소이다 하니

… 예수께서 시몬에게 이르시되 무서워하지 말라

이제 후로는 네가 사람을 취하리라

누가복음 5:8,10

내 사랑으로
감당하거라

나의 자녀야,

네 짐작으로
앞날을 예상하지 말거라.
한 치 앞이 보이지 않는 인생이지만,
내가 네 손을 꼭 잡고 있단다.

내가 너와 함께하는
지금 이 순간에 집중하거라.

내 목소리를 듣고
내 사랑으로 힘을 얻고
나와 함께 나아가거라.

사람들의 인정에 휘둘리지 말거라.
네게는 오직 내 인정만이 필요하단다.

네 윗사람이
널 책임지는 게 아니란다.
그를 인격적으로 존중하되
종속되지는 말거라.

네가 무엇을 하든지
내 사랑으로 감당하거라.

내가 너를 책임지고 이끌어 줄 거야.
나는 네 하나님이란다.

사랑한다, 나의 자녀야!

무슨 일을 하든지
마음을 다하여 주께 하듯 하고
사람에게 하듯 하지 말라

골로새서 3:23

네가 슬피 울 수밖에
없다는 걸 안다

나의 자녀야,

난 네 감정을
억누르지 않는단다.

네 슬픔을
무엇으로 표현할 수 있겠니.
네가 슬피 울 수밖에 없다는 걸 안다.

내가 네게 울지 말라고 하는 건
네 감정을 억누르려는 의도가 아니란다.

눈물을 닦고
내가 널 위해
무엇을 할 수 있는지 목격하렴.

내 기적 앞에서
네 슬픔은 기쁨이 될 거야.

네가 슬퍼하는 이유가 사라져 버리면
넌 금세 웃음을 되찾을 거란다.

네가 다시 웃는 모습을 보고 싶구나.
넌 밝게 웃을 때가 가장 예쁘단다.

사랑한다, 나의 자녀야!

주께서 과부를 보시고
불쌍히 여기사 울지 말라 하시고

누가복음 7:13

날 무서워하지
말거라

나의 자녀야,

날 무서워하지 말거라.
난 따뜻하고 좋은 하나님이란다.

누군가가 네게 하나님께 벌 받기 전에
똑바로 살아야 한다고 말하면,
한 귀로 듣고, 한 귀로 흘려 버려라.

사람은 애초부터 스스로
좋은 열매를 맺을 수 없단다.

사람의 노력으로
좋은 열매를 맺을 수 있었다면,
내가 세상에 올 이유가 없었겠지.

변화된 삶은
노력의 결과가 아니라
은혜의 결과란다.

황폐한 율법의 땅에
뿌리를 내린 나무는
좋은 열매를 맺을 수 없단다.

비옥한 은혜의 땅에 뿌리를 내려야
좋은 열매를 맺을 수 있지.

좋은 열매를 맺기 위해
발버둥 치지 말거라.

내게 깊이 뿌리를 내리고
내 사랑을 듬뿍 받거라.

넌 좋은 열매를 맺을 것이고,
네 향기가 사방으로 퍼져 갈 거란다.

나에 대한 오해를 풀고
은혜로 살아가거라.

나는 무서운 하나님이 아닌
사랑의 하나님이란다.

사랑한다, 나의 자녀야!

그는 시냇가에 심은 나무가

철을 따라 열매를 맺으며

그 잎사귀가 마르지 아니함 같으니

그가 하는 모든 일이 다 형통하리로다

시편 1:3

힘든 인생을 살게 해서
미안하다

나의 자녀야,

내가 너와 함께했다는 말에
마음이 상했구나.

너는 곧바로 따져 묻고 싶을 거야.

"그럼, 왜 도와 주지 않으셨어요?
왜 제 고통을 없애 주지 않으셨어요?
저, 정말 힘들었어요."

억지로 믿으라고
널 설득하고 싶지 않구나.
네 화난 감정을
고스란히 받아 주고 싶단다.

네 모든 감정을
억누르지 말고 마음껏 표현하렴.
울고 싶으면 울고
소리를 지르고 싶으면 질러도 괜찮단다.

한참을 소리 내어 울다 보면
너는 결국 알게 될 거야.
내가 너를 얼마나 사랑하는지.

힘든 인생을 살게 해서 미안하다.
네 감정이 풀릴 때까지
진심으로 사과하고 싶구나.

나는 하나님이지만
네게 사과하는 것이 아무렇지 않단다.
넌 내 사랑스러운 자녀니까.

내가 너와 함께했다는 진실을
억지로 믿지 않아도 괜찮단다.

네 고통 속에서
천천히 나를 발견하렴.

다른 사람이 말해 준 내가 아니라,
네가 직접 만난 내가 되기를 바란다.

사랑한다, 나의 자녀야!

내 하나님이여 내 하나님이여
어찌 나를 버리셨나이까
어찌 나를 멀리하여 돕지 아니하시오며
내 신음 소리를 듣지 아니하시나이까

시편 22:1

널 정죄하지
말거라

나의 자녀야,

널 정죄하지 말거라.
네가 똑같은 죄로 천 번 만 번 넘어져도
난 너를 용서할 거야.
고통스러운 감정을 잠시 내려놓고
내 이야기를 들어 보렴.

똑같은 죄를 반복하는 게
괜찮다는 말이 아니란다.
나는 네가 죄와 타협하지 않고
끊임없이 죄에서 벗어나려는 모습이
사랑스러운 거야.

반복되는 죄는 채워지지 않는
네 결핍에서 시작된단다.

네 결핍을 외면하지 말고 돌보렴.
내가 그것을 채워 줄 거야.

지난날의 죄를 네 기억에서 지우거라.

네가 내 이름으로 회개할 때
나는 네 모든 죄를 잊는다.
내가 기억하지 못하는 네 죄를
네가 기억할 필요는 없단다.

오늘은 새로운 시작이란다.
어제의 죄는 모두 잊고,
오늘 나와 동행하자꾸나.

사랑한다, 나의 자녀야!

나 곧 나는 나를 위하여
네 허물을 도말하는 자니
네 죄를 기억하지 아니하리라

이사야서 43:25

네 감정으로
날 오해하지 말거라

나의 자녀야,

내 은혜는 네 감정과 무관하단다.
나와 멀어진 것 같은 감정을 느낀다고
정말 멀어진 게 아니란다.

네 감정으로 나를 오해하지 말거라.
난 그와 상관없이
항상 네 곁에 있단다.

네가 은혜 받았던 시절을 그리워하며
나를 찾는 걸 안다.

과거의 감정을 되찾기 위해
끊임없이 나를 찾는 널 보면
마음이 아프단다.

네가 혼자라고 말하며
터벅터벅 걷던 그 길에서
난 너와 함께 걸었단다.

네가 걸어온 모든 길을
난 기억한단다.

네 감정이 너를 속일지라도
내 진심을 알아 주렴.
난 언제나 너와 함께한단다.

사랑한다, 나의 자녀야!

네 하나님 여호와께서 이 사십 년 동안에
네게 광야 길을 걷게 하신 것을 기억하라

신명기 8:2

실수를 두려워하지
말거라

나의 자녀야,

실수를 두려워하지 말거라.

무엇이든
네가 원하는 일을 시도해 보거라.

실수할지라도
내 사랑은 변하지 않는단다.

성공과 실패로
인생을 나누지 말고,
나와 함께 도전하는 인생을 즐겨라.

눈에 보이는 확실한 성과가 없어도
쉽게 포기하지 말거라.

더디고 더딜지라도
너는 앞으로 나아가고 있단다.

의심스럽고 불안하거든
내 사랑으로 너 자신을 바라보거라.

난 네가 좋단다.
아무 이유 없이 사랑스럽단다.

네가 정한 성공과 실패는
내가 너를 사랑하는 것과
아무 상관이 없단다.

난 네가 좋아하는 일을
마음껏 펼쳐 나가기를 바랄 뿐이다.

사람들은
"이번에도 실수하면 끝"이라고 말하지만
진실이 아니란다.

네게는 무한대의 기회가 있단다.
난 네 하나님이기에
언제든지 널 일으켜 세울 거란다.

네게 기회를 주거라.
그리고 시간을 주거라.

내 사랑 안에서
넌 모든 걸 할 수 있단다.

사랑한다, 나의 자녀야!

또 너희 중에 누가 염려함으로
그 키를 한 자라도 더할 수 있느냐

누가복음 12:25

완벽하려 애쓰지
않아도 괜찮단다

나의 자녀야,

완벽하지 않아도 괜찮다.
네 모든 실수를 난 기억하지 않는단다.

더 잘할 수 있었을 거라는
네 아쉬움을 안단다.
네가 넘어졌다면
그만한 이유가 있었을 거야.

내가 널 포기했을 거라고 단정하고
너 자신을 포기하지 말거라.
난 절대 널 포기하지 않는단다.

네 넘어짐은 다른 사람들을
내게로 이끄는 기회가 될 거야.

내가 너를 정죄하지 않듯이
그들을 비난하지 말거라.

내가 널 은혜로 덮어 주듯이
그들을 은혜로 감싸 주거라.

내가 너를 사랑하듯이
너도 그들을 사랑하거라.

네 약함은
내가 찾는 한 사람을
은혜로 살려 내기 위한 선물이란다.
약한 너를 정죄하지 말거라.

사랑한다, 나의 자녀야!

내 은혜가 네게 족하도다
이는 내 능력이 약한 데서 온전하여짐이라

고린도후서 12:9

네 모든 죄를
용서했단다

나의 자녀야,

난 네 모든 죄를 용서했단다.

네게 완벽한 삶을
요구하지 않는단다.

네가 죄책감으로
고통 받을 때마다
날 찾고 내 이름을 부르거라.

내게로 나아와서
네 모든 죄를 꺼내 놓거라.

난 다정한 손길로
네 떨리는 손을 잡아 줄 거란다.

넌 내게 훗날 생각에
두려워 고개를 숙이겠지만,
난 널 꼭 끌어안고
사랑한다고 말해 줄 거야.

네 모든 죄는
내 사랑으로 녹아 없어질 거란다.

단번에
죄를 끊어낼 수 없더라도
포기하지 말거라.

끊임없이 내게로 나아와
내 사랑을 받으렴.

난 널 절대 포기하지 않을 거란다.

네가 내 이름을 부를 때
한걸음에 달려가 널 안아 줄 거야.

어제의 죄는
어제의 사랑으로
오늘의 죄는
오늘의 사랑으로
용서할 거란다.

내 사랑은 절대 변하지 않는단다.

사랑한다, 나의 자녀야!

만일 우리가 우리 죄를 자백하면
그는 미쁘시고 의로우사
우리 죄를 사하시며
우리를 모든 불의에서
깨끗하게 하실 것이요

요한일서 1:9

날 믿고
　　따라와 주겠니?

나의 자녀야,

내 모든 계획을
네게 알려 주고 싶구나.

하루하루 가슴을 졸이며
괴로워하는 널 보면 내 마음이 아프단다.

난 네게 일부러 숨기는 게 없단다.
내 모든 계획을 네게 말해 줄지라도
네가 충분히 이해할 수 없을 뿐이란다.

나는 시간과 공간을 초월해
내 계획을 실행하지만
네 시선은 오늘에 갇혀 있단다.

네게 억지 믿음을 바라는 건 아니다.
나를 믿고 따라와 주겠니?
네 상식으로 이해되지 않는 일이라도
내 약속을 믿거라.

난 널 통해 놀라운 일을 이루어 가고 있단다.

네 상식으로 될지 말지를 가늠하지 말고
날 바라보며 할 수 있다고 고백하거라.

네 눈에 불가능해 보일지라도
반드시 이루어 낼 거란다.

내 시선으로 멀리 그리고 오래 보거라.
네 오늘은 내 영원과 맞닿아 있단다.

사랑한다, 나의 자녀야!

당신의 말씀대로 제게 이루어질 것을 믿겠습니다

누가복음 1:38 쉬운성경

나를
신뢰하거라

나의 자녀야,

믿음을 크기로 측정하지 말거라.
난 믿음을 크기로 측정하며
비교하지 않는단다.

사람들은 큰일을 이루려면
큰 믿음을 가져야 한다고 오해하더구나.

믿음의 크기를 키우기 위해
네 시간을 낭비하지 말거라.

겨자씨만 한 믿음이라도
진심을 담는다면 충분하단다.

네 작은 믿음으로 날 신뢰하거라.
그 일이 되고 안됨에
휘둘리지 않기를 바란다.

난 네게 모든 걸 줄 수 있지만
널 위해 가장 좋은 걸 주길 원한단다.

혼자라고 느낄 때마다
날 찾거라.

겨자씨만큼 작고 희미한 목소리라도
내게는 크고 선명하게 들린단다.

사랑한다, 나의 자녀야!

너희에게 믿음이 겨자씨 한 알 만큼만 있어도
… 너희가 못할 것이 없으리라

마태복음 17:20

지친 널
위로하고 싶구나

나의 자녀야,

지친 널 위로하고 싶구나.
마음의 문을 닫은 널 보니
내 마음이 아프단다.

난 네가 문을 열어 줄 때까지
수동적으로 기다리지 않는단다.

넌 내게 서운해서
문을 굳게 닫고 뒤돌아섰지만
난 이미 너와 함께 있단다.
네 목소리를 들었고
널 구하기 위해 네 곁으로 왔단다.

네가 마음의 문을 닫는다고

나와 멀어지는 게 아니란다.
넌 뒤돌아섰지만, 난 널 바라본단다.

네가 문을 닫는 순간,
세상의 소음 없이 생생하게 들리는
내 목소리를 듣게 될 거야.
내 사랑이 네게 전해질 때,
넌 다시 살아날 수 있단다.

혼자라는 감정이 너를 속일 때마다
내 사랑으로 이겨 내렴.
난 항상 네 곁에 있단다.

사랑한다, 나의 자녀야!

내가 문밖에 서서 두드리노니
누구든지 내 음성을 듣고 문을 열면
내가 그에게로 들어가 그와 더불어 먹고
그는 나와 더불어 먹으리라

요한계시록 3:20

난 오직 너만을
원한단다

나의 자녀야,

하루하루 힘겹게 살아가는
네 수고를 안다.

최선을 다하지만
아무런 결실도 없는 것처럼 보이면
마음이 무너질 거야.

네 눈에만 그렇게 보일 뿐
진실은 다르단다.

네가 무엇을 이루었는지를 가늠하지 말고,
내가 무엇을 이루었는지를 살펴보렴.

내 사랑으로
오늘의 널 이루었단다.

난 널 위해 희생했고
널 자녀 삼았고
오늘 너와 함께한단다.

날 위해 대단한 걸
이루려고 하지 말거라.
내가 이미 모든 걸 이루었단다.

난 오직 너만을 원한단다.

널 바라보면 좋고
가만히 있어도 사랑스러워서
견딜 수 없단다.

갓난아이의 손짓 발짓이 경이롭듯이
네 호흡만으로도 감격스럽단다.

나를 대신해 무언가를
이루려는 삶을 포기하거라.

난 이미 모든 것을 얻었단다.

네가 내 품에 안겨 새근새근
숨 쉬는 것만으로 충분하단다.

사랑한다, 나의 자녀야!

주의 손가락으로 만드신 주의 하늘과
주께서 베풀어 두신 달과 별들을 내가 보오니
사람이 무엇이기에 주께서 그를 생각하시며
인자가 무엇이기에 주께서 그를 돌보시나이까

시편 8:3,4

많은 사역을
감당하지 말거라

나의 자녀야,

억지로 많은 사역을
감당하지 말거라.

사람들이 부담으로 꺼리는 일을
네가 앞장서 맡을 때,
네 감정을 세세히 살펴보거라.

나를 사랑하는 마음으로
감당한다 생각하지만
네가 알지 못하는
여러 감정이 얽혀 있단다.

난 네가 많은 사역을 감당해서
널 사랑하는 게 아니란다.

네가 모든 사역을 내려놓는다 해도
내 사랑은 변하지 않아.

네가 녹초가 되어
월요일을 맞이하는 모습이
난 슬프단다.

네가 날 얼마나 사랑하는지 안다.
많은 사역으로
널 증명하지 않기를 바란다.

사람들의 시선을 의식하지 말거라.
할 수 있는 만큼만 감당하거라.
나는 노예가 아니라 자녀를 원한단다.

예배를 회복하고
내 말씀으로 기뻐하고
한 영혼에 대한 사랑을 되찾거라.

난 네 사역이 아닌
네 존재 자체로 기뻐한단다.

사랑한다, 나의 자녀야!

주께서 대답하여 이르시되 마르다야 마르다야

네가 많은 일로 염려하고 근심하나

몇 가지만 하든지 혹은 한 가지만이라도 족하니라

마리아는 이 좋은 편을 택하였으니

빼앗기지 아니하리라 하시니라

누가복음 10:41,42

쓸데없는 경험은
없단다

나의 자녀야,

네 인생을 낭비했다 말하지만
진실이 아니란다.

네 인생에서 쓸데없는 경험은 없단다.
난 네 모든 시간에 함께했단다.

네가 날 알지 못하던 그때도
너와 동행했단다.

네가 의미 없다고 말하는 모든 경험을
난 소중히 여긴단다.

오늘 네게 주어진 시간에 최선을 다하거라.

더 나은 삶을 꿈꾸기 전에
오늘 주어진 시간을 소중히 여기거라.

네 모든 일이 의미 없다 말하지만
난 네 모든 시간을 사용할 거란다.
네게 지루하고, 아쉽고, 허무한 시간을
난 소중히 여긴단다.

나를 바라보며 최선을 다하거라.
널 통해 놀라운 일을 행할 것이다.

사랑한다, 나의 자녀야!

그들이 배들을 육지에 대고
모든 것을 버려 두고 예수를 따르니라

누가복음 5:11

무엇이 필요한지
솔직하게 말하렴

나의 자녀야,

걱정하지 말거라.
내가 해결해 줄 거야.

걱정하며 시간을 보내기보다
무엇이 필요한지 솔직하게 말하렴.

실패에 대한 두려움이
네 생각 속에 가득하단다.
부정적인 생각이 꼬리에 꼬리를 물고
끊임없이 찾아와 너를 괴롭힌단다.

혼자 생각하느라 시간을 낭비하지 말거라.
네 걱정을 기도로 바꾸거라.

속으로 혼잣말하듯이
내게 필요한 걸 말하거라.

모든 필요를 내게 구하고
넌 해야 할 일에 집중하거라.
넌 결과를 통제할 수 없단다.
과정에서 최선을 다하거라.

모든 일의 처음과 끝에 내가 있단다.
내가 널 끝까지 책임지고 돌볼 것이다.

사랑한다, 나의 자녀야!

너희는 마음에 근심하지 말라
하나님을 믿으니 또 나를 믿으라

요한복음 14:1

주님의 마음

초판 1쇄 발행   2023년 7월 28일

지은이   김유비

펴낸이   여진구
책임편집   김아진 정아혜
편집   이영주 박소영 최현수 안수경 김도연
책임디자인   이하은 노지현 | 마영애 조은혜
홍보·외서   진효지
마케팅   김상순 강성민   마케팅지원   최영배 정나영
제작   조영석   경영지원   김혜경 김경희 이지수

303비전성경암송학교 유니게 과정   박정숙
이슬비전도학교 / 303비전성경암송학교 / 303비전꿈나무장학회

펴낸곳   규장

주소 06770 서울시 서초구 매헌로 16길 20(양재2동) 규장선교센터
전화 02)578-0003   팩스 02)578-7332
이메일 kyujang0691@gmail.com   홈페이지 www.kyujang.com
페이스북 facebook.com/kyujangbook   인스타그램 instagram.com/kyujang_com
카카오스토리 story.kakao.com/kyujangbook
등록일 1978.8.14. 제1-22

ⓒ 저자와의 협약 아래 인지는 생략되었습니다.
이 출판물은 저작권법에 의해 보호를 받는 저작물이므로 무단 전재와 무단 복제를 할 수 없습니다.

책값 뒤표지에 있습니다.
ISBN 979-11-6504-453-4 03230

규|장|수|칙

1. 기도로 기획하고 기도로 제작한다.
2. 오직 그리스도의 성품을 사모하는 독자가 원하고 필요로 하는 책만을 출판한다.
3. 한 활자 한 문장에 온 정성을 쏟는다.
4. 성실과 정확을 생명으로 삼고 일한다.
5. 긍정적이며 적극적인 신앙과 신행일치에의 안내자의 사명을 다한다.
6. 충고와 조언을 항상 감사로 경청한다.
7. 지상목표는 문서선교에 있다.

하나님을 사랑하는 자 곧 그의 뜻대로 부르심을 입은 자들에게는 모든 것이 合力하여 善을 이루느니라(롬 8:28)

  Member of the Evangelical Christian Publishers Association

규장은 문서를 통해 복음전파와 신앙교육에 주력하는 국제적 출판사들의 협의체인 복음주의출판협회(E.C.P.A:Evangelical Christian Publishers Association)의 출판정신에 동참하는 회원(Associate Member)입니다.